L’IA peut-elle penser ?

Dans la même collection :

Les exoplanètes, Flavien Kiefer, 208 pages

Transition énergétique, Bertrand Cassoret, 160 pages

Les trous noirs. À la poursuite de l'invisible, 2e edition, Alain Riazuelo, 208 pages

Le climat dans tous ses états, Pierre Martin, 192 pages

Pourquoi le nucléaire, Bertrans Barre, 176 pages

Initiation à la physique quantique. La matière et ses phénomènes, Valerio Scarani, 192 pages

L'univers secret de la cryptographie, Gilles Dubertret, 176 pages

La matière noire. Clé de l'Univers ?, Francoise Combes, 192 pages

Constellations et légendes grecques, Marie-Francoise Serre, 224 pages

La météo à l'origine de tous nos maux ?, Jacques Fontan, 160 pages

Hubert Krivine

L'IA peut-elle penser ?
Miracle ou mirage de l'intelligence artificielle

Préface de Guillaume Lecointre

Illustrations de Nicolas Pavloff

de boeck SUPÉRIEUR

Du même auteur :

Exercices de mathématiques pour physiciens, corrigés et commentés, Cassini, 2003.

Exercices et problèmes de physique statistique (en coll. avec Jacques Treiner), Vuibert, 2016.

La Terre, des mythes au savoir, Cassini, 2011.

De l'atome imaginé à l'atome découvert, contre le relativisme (en coll. avec Annie Grosman), De Boeck Supérieur, 2015.

Petit traité de hasardologie, Cassini, 2016, 2018.

Prévoir sans comprendre, comprendre sans prévoir, Cassini, 2018.

En couverture : Penseur masqué en cours de désintégration.
© 3dsculptor / AdobeStock

Conception de couverture : Primo&Primo
Relecture : Alain Rossignol
Couverture : SCM, Toulouse
Mise en page : Hervé Soulard

Dépôt légal :
Bibliothèque royale de Belgique : 2021/13647/015
Bibliothèque nationale, Paris : février 2021
ISBN : 978-2-8073-3305-5

Table des matières

Science sans conscience n'est que ruine de l'âme

Rabelais

Préface

Je travaille dans les sciences de l'évolution biologique. Je suis phylogénéticien : je reconstitue les degrés de parentés entre les espèces du monde vivant. Et je les classe. Les cétartiodactyles de la page 56, c'est un peu de ma faute. Quel rapport avec ce livre ? Les théories. Leur rôle est méconnu du grand public. Le mot est même péjoré. Quand on dit qu'une affirmation est théorique, on sous-entend souvent que c'est une spéculation. Lorsque les créationnistes veulent s'opposer à l'ouverture de la Grande Galerie de l'Évolution du Muséum national d'histoire naturelle (institution à laquelle j'appartiens), ils collent des tracts sur les murs de la rue Geoffroy-Saint-Hilaire à Paris stipulant : « L'évolution n'est qu'une théorie ». Cette dépréciation du rôle – pourtant majeur – des théories en toute science se retrouve aujourd'hui sous des formes étranges, promue en faits plus qu'en mots par de brillants acteurs des technosciences, et pauvres épistémologues. Les *Big Data* nous affranchiraient d'avoir à disposer de théories pour prédire. J'ai déployé beaucoup d'énergie devant des enseignants en formation permanente, devant des élèves du secondaire et devant le grand public pour plaider l'importance des théories en science. C'est dire si je me suis réjoui à la lecture du livre d'Hubert Krivine, *Prévoir sans comprendre, comprendre sans prévoir*. Aujourd'hui, Hubert reprend sa plume pour traiter de ce thème – un peu différemment – et mon plaisir est plus que redoublé. Hubert m'apparaît comme mon frère d'armes. Quel plaisir de voir un chercheur d'une autre discipline que la sienne propre défendre des idées communes mieux qu'on ne l'aurait fait soi-même ! Je recommande déjà dans la lecture de ce livre les excellents exemples pédagogiques sur les limitations des *Big Data*, et sans trop paraphraser ce qui va suivre, retenons que seules les théories peuvent transformer une corrélation en causalité, puis passer de la causalité à son explication, et non les corrélations calculées à partir de données, aussi massives soient-elles, aussi précises soient les prédictions résultantes.

Les théories expliquent, et donc prédisent (elles aussi), mais autrement. Elles pratiquent à la fois la généralisation (induction), la déduction logique et la preuve par accumulation de faits hétérogènes et leur mise en cohérence (abduction). Cette dernière « mise en preuve » est celle du commissaire de police ou du phylogénéticien. Le scénario choisi, parmi de multiples scenariii possibles, est celui qui maximise la cohérence (calculée) des faits ou des traces, ou des faisceaux de présomption entre eux. C'est comme cela que l'on dispose d'un portrait-robot de l'ancêtre des cétartiodactyles (répétez trois fois), même si on ne l'a jamais vu ; que l'historien dispose d'un déroulé de la bataille d'Austerlitz (ou de Waterloo si le lecteur est outre-Manche), même s'il n'en reste aucun témoin oculaire ; et c'est comme cela que le commissaire de police dispose d'un portrait-robot du meurtrier, même s'il ne l'a pas sous la main. C'est le grand cadre théorique de l'ascendance avec modification des êtres vivants et du caractère ramifié de leurs lignages qui permet les reconstitutions d'ancêtres. Avec de temps à autre des vérifications.

Les phylogénies au sein des cétartiodactyles (encore eux), fondées sur des comparaisons génétiques, avaient prévu une certaine anatomie de la cheville pour les ancêtres des cétacés… (je rappelle aux non-zoologistes que les cétacés d'aujourd'hui n'ont plus de membres postérieurs). Par la suite, les fossiles *Pakicetus* et *Ambulocetus* vinrent au rendez-vous de cette rétrodiction d'un genre spécial. Les théories permettent donc de mettre en place d'autres savoirs, de prédire ce qui est resté jusque-là inconnu, ce qui est unique, ce qui a existé jadis, comme l'ancêtre des cétacés, ou bien celui des cétartiodactyles (itération, quand tu nous tiens...). Par contraste, les *Big Data* sont faites pour prédire la survenue ultérieure de ce qui est déjà advenu, comme Hubert le décrit ici.

L'IA est utile. Elle est un moyen, pas une fin. Il y a donc l'IA utile, et l'IA fétichisée (l'expression est d'Hubert) en projet de société. Certains comblent leur manque de projet – ou leur conservatisme – en mettant un moyen en lieu et place d'une fin. D'une manière analogique, c'est aussi ce qui se passe avec la monnaie, qui est passée du statut de moyen à celui de fin en soi, au diktat de laquelle nos vies sont supposées se plier. Mais revenons à nos moutons (qui d'ailleurs sont des cétartiodactyles). Cette IA fétichisée nous fait croire qu'elle sera demain le prolongement de l'intelligence humaine. Cependant, notre cerveau est le fruit d'un processus passé d'adaptation dont les fonctions résultantes ne sont pas celles par laquelle on nous vend l'IA. L'adaptation est un phénomène populationnel, et une qualité collective ; l'aptitude est une qualité individuelle. Le cerveau s'est déployé, au cours de la phylogenèse, dans un environnement complexe où la survie a dépendu de réactions rapides à la survenue d'événements hétérogènes. Les monotâches n'ont pas survécu. D'où la souplesse des fonctions de cet organe, qui se développe avec l'environnement dans lequel il est, et qui déploie donc un éventail des possibles bien au-delà de ce que n'importe quel autre organe de l'anatomie humaine peut déployer.

Le cerveau humain est donc un organe qui démultiplie les aptitudes individuelles, et qui confère à la population un potentiel adaptatif considérable. Comme l'expose brillamment Hubert Krivine, et de manière concise et imagée, l'IA est hyperperformante pour des tâches relativement standardisées, mais surtout isolées de la complexité de l'environnement. Les cerveaux passés, eux, ont été filtrés précisément par leur souplesse à l'égard des aléas de l'environnement. En somme, IA et cerveau humain ne font pas la même chose. Autrement dit, l'IA n'a rien à voir avec l'intelligence… (Mince, je refais le livre d'Hubert, là…) Mais la réduction de l'intelligence à une fonction unique permet tous les mirages, dont celui de croire que l'intelligence humaine va pouvoir être prolongée par l'IA. Compte tenu des multiples dimensions que revêt l'intelligence, c'est aussi absurde de dire qu'Usain Bolt, parce qu'il court plus vite que tous, va remplacer la totalité des sportifs concourant aux jeux olympiques, et jouer l'homme-orchestre en sus. Croire que l'IA va pouvoir remplacer fonctionnellement des cerveaux humains, même dans des tâches pourtant circonscrites – mais tout de même complexes – que sont la justice, la médecine ou l'enseignement est illusoire et dangereux. D'autant plus que nos cerveaux ont développé au cours de l'évolution les capacités d'empathie et d'imagination, conditions performantes par lesquelles les différents cerveaux ont été filtrés depuis fort longtemps...

Cela remonte même avant notre espèce. Les sociétés humaines sont soudées autour de sens partagés, voire de projets. Des actes aussi engageants à l'égard d'autrui que ceux de soigner, soulager, enseigner ne sauraient être pleinement efficaces sans empathie, ni imagination, ni sens, ni projet. Or, la gestion de la société par des actes automatisés fondés sur les *Big Data*, aussi précise soit-elle, ne sera jamais accompagnée ni d'empathie, ni d'imagination, ni de sens, ni de projet, dont ont besoin les humains en société. Nous avons besoin d'un humain au bout du téléphone, à qui on puisse expliquer l'imprévu, le contingent, la tuile. Certes, gérer, ce n'est pas inventer. L'IA fétichisée ne prépare donc pas seulement des générations de chômeurs, mais aussi les futurs Gilets jaunes. Le technocrate d'hier était fustigé par le caractère abscons de sa technicité, et par l'absence de sens qui caractérisait son intervention. On se souvient du sketch de Coluche (oui, je sais, on reconnaît ici mon âge) : « Les technocrates, c'est les mecs que, quand tu leur poses une question, une fois qu'ils ont fini de répondre, tu comprends plus la question que t'as posée ». Avec le technocrate d'aujourd'hui, tu ne comprends même plus ce que tu fais là. Là où le service public doit redistribuer un service à tous (santé, éducation, justice, entre autres) dans la conscience d'un bien partagé, l'IA dans les services publics va tous nous faire entrer à coups de marteau dans les cases. La machine apprenante dont on ignore même la position, exaspérante parce qu'hyperperformante, restera incapable de prendre en compte la complexité de notre situation.

Déjà révoltés que leurs intérêts ne soient plus défendus ni par aucun député ni par aucun parti politique, en plus d'être dirigés par des technocrates dont le seul sens est de plier tout le monde aux « lois des marchés » et aux restrictions des dépenses publiques que prétendument elles imposent, les Misérables de demain, déjà téléadministrés, télééduqués par QCM téléconsulteront en ligne un arbre décisionnel médical, et subiront une télé-justice expéditive à base de corrélations issues de banques de données massives. Hubert, j'ai adoré ton livre, mais comme je suis un ringard technophobe, je retourne à mes cétartiodactyles.

Paris, décembre 2020,
Guillaume Lecointre

Introduction

Le chauffeur de taxi était de Ménilmontant et le client de Pékin. Ce dernier parlait en mandarin à son téléphone qui traduisait en français par écrit ; restait au chauffeur à indiquer les coordonnées GPS de l'hôtel à son appareil qui le guiderait dans le dédale des rues parisiennes. Chauffeur et client ne pouvaient pas se comprendre et pourtant tout s'est passé comme si. Voilà ce qui peut apparaître comme l'un des nombreux « miracles » de l'intelligence artificielle (IA)[a].

Au jeu d'échecs, on pourrait jouer environ 10^{120} parties différentes[b], évidemment impossibles à répertorier. Pour fixer les idées, le nombre d'atomes de l'Univers est de l'ordre de 10^{80} ! Aussi a-t-on longtemps cru qu'aucune machine ne pourrait battre un humain. Mais, en 1997, Kasparov, champion du monde, perdait devant Deep Blue.

On pensait être très loin d'un tel succès au jeu de go (10^{350} parties estimées). Las ! Vingt ans plus tard, ce pari était perdu. Personne ne sait quel cheminement logique a permis cette victoire d'AlphaGo sur le Chinois Ke Jie considéré comme le meilleur joueur mondial – humain – de go. Mais sait-on même retracer celui des champions humains ? En tout cas, quelle efficacité !

---

a. On peut même imaginer que, dans le futur, la voiture autonome se passera du chauffeur.

b. Estimé par le mathématicien nord-américain Claude Shannon.

Depuis lors, les succès de l'IA se multiplient. Si on se limite à la médecine par exemple, la machine fait mieux que les dermatologues pour l'identification des mélanomes, mieux que les radiologues pour les cancers du sein et mieux que les ophtalmologues pour la rétinopathie diabétique.

Kasparov contre Deep Blue.

© Kojoku / Shutterstock

© Yvonne Hemsey / Getty Image

La question est plus générale : grâce à l'IA, est-il aujourd'hui superflu de comprendre pour agir efficacement ? Est-ce la naissance d'une intelligence nouvelle ? Après tout, *the proof of the pudding is in the eating* [la preuve que le pudding existe est qu'on le mange !].

« L'intelligence » des machines est un vieux problème. Dépassera-t-elle celle des humains ? Pire, doit-on avoir peur de la « singularité », ce moment où les machines auront pris le pouvoir sur l'homme ? En 1968, Stanley Kubrik en produisait déjà une talentueuse anticipation dans *2001 : l'Odyssée de l'espace*. Cette crainte a été exprimée par des personnalités aussi fameuses ou respectables que Bill Gates ou Stephen Hawking. Le livre de Yuval Noah Harari[37] (recommandé par Obama et Macron !), prophétisant une forme de transhumanisme, est une extrapolation abusive, parce que sans contrôle, des avancées actuelles. Son succès planétaire est peut-être une manière d'exorciser un futur inquiétant.

Que l'IA soit intelligente ou pas, son étude nous oblige à réfléchir sur l'acquisition et l'utilisation des connaissances chez l'être humain – voire chez les animaux. Voilà pourquoi, avant de parler de l'IA, nous avons dû y consacrer une bonne partie du premier chapitre.

L'IA moderne repose sur une accumulation fantastique de données, les *Big Data*. Même si, jadis, on parlait plutôt de « faits » que de *data*, ce texte de Henri Poincaré[a] garde toute sa pertinence[62] :

> *On fait la science avec des faits, comme on fait une maison avec des pierres ; mais une accumulation de faits n'est pas plus une science qu'un tas de pierres n'est une maison.*

Comment est-on donc passé du tas de pierres à la maison ? Et comment continuons-nous à le faire ?

Les Anciens savaient par *induction* – c'est-à-dire par généralisation – prévoir les phénomènes répétitifs, sans les comprendre. Puis est arrivée, avec la Renaissance en Europe, la révolution scientifique, quand l'établissement de lois universelles a permis la prévision d'événements paradoxaux, c'est-à-dire en dehors de la *doxa*, en conflit avec les croyances divines et le sens commun. C'est la Terre qui tourne autour du Soleil et non l'inverse ; dans le vide, tous les corps, quel que soit leur poids, tombent à la même vitesse ;

---

a. Très grand mathématicien français de la fin du XIXe siècle. À ne pas confondre avec son cousin germain Raymond Poincaré, qui fut président de la République.

il n'y a pas besoin de force pour entretenir le mouvement[a], etc. Ainsi a-t-on pu dépasser les savoirs tirés de l'accumulation des expériences quotidiennes et de l'autorité des aînés. C'est la rupture avec la physique d'Aristote.

Au cours du xxe siècle cependant, on a réalisé que ces lois universelles ne permettaient pas toujours la prédiction. D'où l'idée qu'au xxie siècle, munis désormais de moyens de calculs et de données des milliards de fois plus importants que ceux dont disposaient nos aînés, on pourrait faire l'économie d'une réflexion théorique ; qu'on pourrait finalement revenir à l'induction, mais cette fois fondée sur une base infiniment supérieure à celle de nos Anciens. Ce serait la naissance d'un nouveau paradigme qui ouvrirait le règne de la médecine sans médecins, de la physique sans physiciens, de la justice sans juges et des voitures sans conducteurs, voire d'une pensée sans cerveau.

Essentiellement, l'IA moderne travaille à partir de corrélations tirées de l'analyse statistique de millions – voire de milliards – de données. Il nous faudra donc interroger le rôle des corrélations dans la genèse de l'intelligence, qu'elle soit humaine ou artificielle. Très vaste sujet que nous ne ferons évidemment qu'effleurer !

Causales ou pas, les corrélations permettent de prévoir. Ce qui suffit dans bien des cas. Mais permettent-elles de comprendre ? Et, plus grave, est-ce même encore nécessaire ?

Les plus enthousiastes sur les possibilités de l'IA posent la question suivante : si on ne croit pas que le vivant s'explique par « l'élan vital » de Bergson ou tout autre forme de dualisme, il faut bien

---

a. Notons qu'encore aujourd'hui, même dans les pays dits développés, cette physique moyen-âgeuse du « bon sens » est largement partagée dans la population en général. Qui sait expliquer pourquoi une pierre lancée verticalement retombe sur place alors que la Terre aura tournée de près de 400 mètres ?

admettre qu'au départ, il n'y avait que de la matière inerte qui a pu s'organiser – d'une façon ou d'une autre – pour former ce qu'on appelle communément une intelligence. Ce résultat proprement extraordinaire fut obtenu par une suite de processus physico-chimiques pilotés par une série gigantesque d'essais-erreurs qu'on appelle l'évolution. Pourquoi interdire ce chemin à la machine ? À cause du temps nécessaire ? Mais aujourd'hui – et demain plus encore – la machine sait réaliser ces expériences des milliards de fois plus rapidement qu'auparavant. L'inné, le bon sens, voire la conscience[42], toutes choses qui manquent cruellement à la machine, pourraient alors émerger.

C'est essentiellement cette thèse que nous voulons – prudemment – discuter dans les chapitres suivants. Prudemment, car n'oublions pas que Gutenberg avait inventé l'imprimerie avec le seul but de porter la connaissance des Saintes Écritures jusque chez les mécréants. Rien de plus. Aucun contemporain n'aurait été capable d'anticiper les conséquences de l'imprimerie au-delà du but initial. Pas plus qu'on n'aura su anticiper les développements d'Internet au-delà du but initial d'échanger des fichiers entre physiciens des particules du CERN. Probablement l'introduction de l'IA constitue-t-elle un bouleversement de même importance.

Cet essai s'inscrivant dans le prolongement de mes deux livres[43, 44] précédents, quelques autoplagiats sont inévitables. Je prie les – trop rares – lecteurs de ces ouvrages de m'en excuser. Écrire c'est apprendre, peut-être aux autres, mais inévitablement à soi-même. Il m'est devenu maintenant clair qu'au *Comprendre sans prévoir, prévoir sans comprendre* du second livre devait s'ajouter la distinction entre comprendre et expliquer. Comprendre, comme Kepler, que la Lune joue un rôle dans les marées, n'est pas l'expliquer comme Newton le fera à l'aide de la théorie de la gravitation.

L'IA excelle à prévoir des phénomènes et peut-être même, en filtrant intelligemment les données, à en singulariser des causes.

Mais expliquer va bien au-delà : c'est entrer en théorie[41]. C'est avoir la démarche très synthétiquement décrite par Jean Perrin :

> *La science remplace du visible compliqué par de l'invisible simple*[a]
>
> *Les Atomes, 1913*

Perrin avait à l'esprit le mouvement brownien, c'est-à dire le mouvement désordonné et incessant de petites particules dispersées dans l'eau que seuls les chocs aléatoires des molécules (invisibles) du milieu pouvaient expliquer. Les exemples abondent ; on pourrait ajouter les milliards de bactéries indispensables à la vie (et à la mort) des animaux.

Comment l'IA pourrait-elle s'acquitter d'une telle démarche ?

---

a. On objectera que la religion opère également ainsi. Mais son régime de preuves est totalement différent.

Une quantité exponentiellement croissante de littérature a été dédiée à l'IA. Eu égard à ce foisonnement, on peut considérer qu'aucun point abordé dans cet essai n'est absolument nouveau. Seule l'est – il faut l'espérer – leur articulation logique. L'auteur n'a pu lire qu'une petite partie de cette production et n'en a cité, de façon un peu arbitraire, qu'une fraction – généralement en français – qu'il a trouvée soit inspirante, soit développant un point qu'il n'a pas voulu détailler. Chaque citation est donc implicitement précédée de « entre autres » ou bien de « voir par exemple » ou encore de « et références incluses ».

Remerciements

Notre démarche a été très nourrie par les travaux d'auteurs comme G. Longo, A. Rouvroy, Y. Le Cun, J.-C. Ameisen, J.-G. Ganascia, S. Tisseron, D. Dacunha-Castelle et de discussions avec les quatre derniers. Qu'ils en soient sincèrement remerciés.

La chaleureuse préface de Guillaume Lecointre apporte l'éclairage bienvenu d'un chercheur issu d'une autre culture. Bienvenu, parce qu'un physicien qui écrit sur la science craint toujours d'être victime de sa propre (dé)formation.

Jacques Treiner, un ami de cinquante ans, a comme souvent été un interlocuteur privilégié. Ce livre, directement et indirectement, lui doit beaucoup. Merci également à mon collègue Nicolas Pavloff dont les dessins apportent un sourire salutaire sur un sujet qui n'est pas nécessairement gai.

Beaucoup d'autres collègues et amis m'ont également aidé à ajouter – et, heureusement, à supprimer – certains passages du livre. Je pense en particulier à :

André Bellaïche, Jean Bouyer, Xavier Campi, Olivier Cogis, Suzy Collin-Zahn, René Cori, Philippe Deterre, Olivier Duvoid, Pierre Fiala, Alexandre Ghazi, André Grimaldi, Jean Krivine, Vincent Jullien, Léo Laugier, Amaury Mouchet, Isabelle Rivas et Emmanuel Saint James.

Oserai-je enfin dire que je suis reconnaissant à Catherine Samary et Françoise Gicquel d'avoir effectué ce qui pourrait s'appeler une traduction en français de mon charabia initial ? Merci également à Amandine Troutier pour son intelligente relecture du manuscrit.

Je terminerai par mes remerciements au laboratoire de Physique théorique et modèles statistiques (LPTMS) de l'université Paris-Saclay et à celui de Physique nucléaire et des hautes énergies (LPNHE) de Sorbonne Université pour leur hospitalité matérielle et intellectuelle.

Les notes en bas de page sont indiquées par des lettres ; les chiffres renvoient à la bibliographie classée par ordre alphabétique en fin de cet essai.

Les textes encadrés peuvent être éventuellement sautés : inutiles pour les lecteurs à culture scientifique, peut-être rébarbatifs pour les autres.

Nous aurions toujours deux moyens très certains pour reconnaître qu'elles [les machines] ne seraient point pour cela de vrais hommes : dont le premier est que jamais elles ne pourraient user de paroles ni d'autres signes en les composant, comme nous faisons pour déclarer aux autres nos pensées : car on peut bien concevoir qu'une machine soit tellement faite qu'elle profère des paroles, et même qu'elle en profère quelques-unes à propos des actions corporelles qui causeront quelque changement en ses organes, comme, si on la touche en quelque endroit, qu'elle demande ce qu'on lui veut dire ; si en un autre, qu'elle crie qu'on lui fait mal, et choses semblables ; mais non pas qu'elle les arrange diversement pour répondre au sens de tout ce qui se dira en sa présence, ainsi que les hommes les plus hébétés peuvent faire. Et le second est que, bien qu'elles fissent plusieurs choses aussi bien ou peut-être mieux qu'aucun de nous, elles manqueraient infailliblement en quelques autres, par lesquelles on découvrirait qu'elles n'agiraient pas par connaissance, mais seulement par la disposition de leurs organes : car, au lieu que la raison est un instrument universel qui peut servir en toutes sortes de rencontres, ces organes ont besoin de quelque particulière disposition pour chaque action particulière ; d'où vient qu'il est moralement impossible qu'il y en ait assez de divers en une machine pour la faire agir en toutes les occurrences de la vie de même façon que notre raison nous fait agir.

Descartes, *Discours de la méthode* (1637), V^e^ partie.

1 Science « dure », science « molle »

Ce qu'on appelle rôle du hasard dans la genèse d'un événement est généralement une contribution non contrôlée de son environnement. On peut la réduire dans les sciences dites dures, on ne le peut pas dans les sciences humaines et sociales.

Suite à une erreur médicale, on entend souvent dire que la médecine n'est pas une « science exacte ». Y aurait-il donc des sciences inexactes ? En tout cas, il y aurait des sciences dites « dures », et d'autres « molles ». Les premières, dont la représentante typique est la physique, se caractériseraient non seulement par des explications convaincantes, mais aussi par des prévisions stupéfiantes de précision[a] et d'originalité. Les secondes, plus convenablement appelées sciences humaines et sociales (SHS)[b] – comme la sociologie ou l'histoire – se limiteraient à rendre compte de

a. Par exemple, le facteur de Landé de l'électron (qui caractérise ses propriétés magnétiques) est expérimentalement estimé à : 2,00231930436146. Les raffinements théoriques actuels, fondés sur la mécanique quantique, prévoient : 2,00231930436364. Soit un écart relatif de l'ordre de grandeur de l'épaisseur d'un cheveu sur la distance Paris-New York.

b. Généralement appelées du joli nom d'*humanities* dans le monde anglo-saxon.

phénomènes et ce, souvent sans consensus général. Au mieux, elles se contenteraient de postdire. Et puis il y aurait les intermédiaires comme la médecine.

Voilà pourquoi la tentation est grande d'en tordre certaines vers les sciences dures. L'économie en est un bel exemple[a]. Cette tentation est moins forte en médecine pour le grand public : qui ne préférerait pas une médecine douce (on n'ose pas parler d'une médecine molle) à une médecine dure ? Derrière ce choix – habile – des mots, il y a une réalité que nous expliciterons page 66 : la médecine ne peut être « dure » que localement. Le Pr Marcel-Francis Kahn aime à dire que la médecine n'est pas une science, mais un art qui utilise les découvertes scientifiques. Mentionnons seulement que l'imagerie médicale (RMN)[b], obtenue par la technique de résonance magnétique nucléaire, est devenue maintenant courante ; et elle concentre une quantité phénoménale de connaissances physiques modernes.

Pourquoi le succès des sciences dures ?

Pour être scientifiquement étudié, tout objet doit pouvoir être – au moins par la pensée – isolé du reste de l'univers : il est impossible de penser *tout*. C'est pourquoi, en fonction des questions posées – et de ses connaissances –, la science délimite des niveaux d'analyse : le météorologue ignore que les molécules des gaz de l'atmosphère contiennent des noyaux atomiques qui sont composés

---

a. Philip Mirowski[59] dénonce cette illusion dans un livre au titre éloquent : *More Heat than Light*, (difficilement) traduit en *Plus de chaleur que de lumière*, alors que *heat* pourrait plutôt ici signifier l'agitation thermique, le désordre.

b. Pudiquement baptisée IRM, imagerie par résonance magnétique, où le terme nucléaire qui faisait peur a été banni.

de nucléons, eux-mêmes constitués de quarks[a]. En d'autres termes, le scientifique doit, tant que faire se peut, restreindre son champ d'analyse. Mais est-ce possible ou souhaitable ?

Le physicien qui étudie l'atome d'hydrogène et le médecin qui travaille sur le diabète ne sont pas dans la même situation. Non parce que les exigences méthodologiques d'une bonne recherche seraient différentes – elles ne le sont pas –, mais essentiellement parce que tous les atomes d'hydrogène sont identiques partout dans l'Univers et existent sans modification depuis au moins treize milliards d'années. En revanche, il n'y a pas deux patients identiques et les maladies chroniques[28] sont très liées au mode de vie et évoluent en permanence.

Ainsi, pour lier cause et conséquence, un physicien peut souvent ignorer l'histoire et la localisation de son objet d'étude comme ses interactions avec le milieu extérieur, ou sinon en rendre compte de façon très simple[b]. En ce sens, et malgré sa réputation, la physique est une discipline qui traite de phénomènes simples – ce qui ne veut pas dire que la physique est facile !

Rien de semblable pour les entités vivantes, jamais identiques entre elles et qui, de plus, se modifient en permanence. Même si le nom qu'on leur attribue semble les fixer, le chat actuel est différent du *Felis silvestris lybica* d'il y a 10 000 ans, la pomme de terre actuelle du *Solanum tuberosum* du Néolithique amérindien et les hommes (du moins la plupart !) différents des pithécanthropes. Sans parler des bactéries ou des virus qui peuvent, dans certaines conditions, se modifier en quelques jours – voire en quelques

---

a. Notons que ceci est rendu possible par les caractéristiques des interactions fondamentales : intensité et portée.

b. Par exemple, quand un système est en contact avec l'extérieur et échange de l'énergie avec lui, l'action compliquée de l'environnement est résumée en un chiffre : la température imposée.

heures. Dans quelle mesure peut-on alors analyser l'expérience hors de son histoire et de son environnement et comment en connaître la durée pertinente d'observation ?

Toutes les discussions actuelles sur les OGM illustrent ces difficultés. Quelle doit être la durée des études (six semaines, un an, trente ans) ? Doivent-elles porter sur la seule toxicité alimentaire éventuelle ? *Quid* des implications écologiques et sociales, etc. ? L'objet d'étude aussi doit être cerné : faut-il s'intéresser à « l'intelligence » d'une abeille ou à celle de l'essaim[2] ?

En fait, cette séparation entre sciences dures et SHS n'est pas absolue. Même en science dure il peut être difficile (ou risqué) de s'abstraire de l'environnement. On passerait alors d'une science dure à une science fautivement rigide. Dans *Matter and Motion*, Maxwell notait en 1876 :

Mêmes causes, mêmes effets ?

> *Il y a une maxime souvent citée qui affirme que « les mêmes causes vont toujours produire les mêmes effets ». Pour rendre cette maxime intelligible on doit définir ce que nous entendons par les mêmes causes et les mêmes effets parce qu'il est évident que tout événement n'apparaîtra jamais qu'une fois et qu'ainsi les causes et les effets ne peuvent pas être les mêmes à tous points de vue. Ce que ça signifie réellement est que si les causes diffèrent seulement eu égard au temps absolu ou au lieu absolu*[a] *où cet événement s'est produit, alors les effets seront les mêmes.*

---

a. Une remarque savante : cette invariance de l'origine du temps ou de l'espace admet un corollaire en physique, celui de la conservation de l'énergie ou de l'impulsion. C'est un théorème énoncé trente ans après la mort de Maxwell et dû à la mathématicienne Emmy Noether.

Comprendre n'est pas prévoir

Il faut donc prendre avec des pincettes la notion de « causes identiques ». Le bon sens peut être trompeur. Même celui de Diderot quand il écrit dans *Jacques le fataliste et son maître* :

L'erreur de Diderot

Posez une cause, un effet s'ensuit ; d'une cause faible, un faible effet ; d'une cause momentanée, un effet d'un moment ; d'une cause intermittente, un effet intermittent ; d'une cause contrariée, un effet ralenti ; d'une cause cessante, un effet nul.

Diderot et Laplace.

© Everett Collection / Shutterstock

© Georgios Kollidas / Adobe Stock

Or, il n'est pas vrai que les effets soient nécessairement proportionnels aux causes. Diderot devait bien savoir qu'une toute petite variation de température autour de 0 °C pouvait brusquement transformer l'eau liquide en glace, de même qu'un infime mouvement de l'air pouvait faire tomber d'un côté ou d'un autre un crayon bien taillé posé sur sa pointe. C'est ce qu'on appelle des équilibres instables.

Le chaos déterministe

Plus généralement, dans certains cas[26, 66], il peut se faire qu'une modification infinitésimale (c'est-à-dire non mesurable) des conditions initiales ou de l'environnement induise une modification démesurée des conséquences – même si nous ne croyons pas au rôle de la taille du nez de Cléopâtre. C'est manifeste par exemple en histoire, mais pas seulement. Les sciences dures connaissent ce qu'on appelle le « chaos déterministe » : bien que complètement régi par une équation simple, le système devient à terme imprédictible. Ainsi ce chaos, s'il ne ruine pas la causalité, met en question notre capacité à la saisir. Dans ce cas, des causes apparemment identiques ont des effets radicalement différents.

Un exemple emblématique – et paradoxal : le mouvement des planètes

Si on ne considère que l'interaction Soleil-Terre, la mécanique newtonienne prévoit un mouvement elliptique périodique de notre planète et c'est bien ce qu'on observe sensiblement. Voilà pourquoi il a longtemps servi pour la mesure du temps. Mais si on cherche à améliorer les prévisions en considérant l'influence – supposée faible – des autres planètes[48], c'est-à-dire dès qu'on fait intervenir l'environnement, on ne peut plus rien prévoir à long terme[a].

a. En particulier, on ne peut pas prévoir où se situera la Terre, mais rassurons-nous, on a le temps : c'est à l'échelle ici de centaines de millions d'années !

Les exemples de chaos déterministes sont nombreux[43] : reproduction des espèces et dynamique proies-prédateurs, billards, chocs de molécules, turbulences. Il est célèbre en météorologie où il s'appelle « l'effet papillon ». Dans une version populaire et très imagée[a], il explique comment le simple battement de l'aile d'un papillon pourrait déterminer l'éclatement d'une tornade à 5 000 kilomètres. Deux remarques :

i) le chaos déterministe a une importance philosophique considérable en dissociant le déterminisme (tout phénomène doit bien avoir une cause, voire une loi) de la prédictibilité,

ii) si un phénomène est chaotique à cause de sa sensibilité aux conditions initiales, il est imprédictible, mais il est reproductible par une machine à états discrets : il suffit de l'initialiser avec les même valeurs. Notons qu'en physique, les valeurs sont souvent données sur un intervalle ; dès lors, le déterminisme n'implique plus la répétabilité[55].

Non-localités

En physique classique, on peut étudier un phénomène localement, c'est-à-dire sans considération pour ce qui se passe suffisamment loin de lui. En mécanique quantique, les phénomènes d'intrication rendent dans certains cas illusoire cette possibilité. Quand deux particules sont intriquées, le résultat d'une mesure sur l'une détermine instantanément le résultat d'une mesure sur l'autre et ce, quelle que soit la distance qui les sépare.

Il arrive également qu'on soit incapable de se confiner à un niveau déterminé d'analyse : les cosmologistes doivent aussi bien

a. Voir l'article[63] où cette image trop simple est contestée.

s'intéresser à l'infiniment grand régi par la théorie de la relativité générale qu'à l'infiniment petit régi par la mécanique quantique.

Parce qu'ils sont non locaux dans le temps ou dans l'espace, ces phénomènes ont suscité une masse de discussions philosophiques qui ne sont pas près de s'éteindre.

Le hasard, autre nom pour l'action de l'environnement ?

En fait, c'est pour prendre en considération ce rôle compliqué de l'environnement qu'est souvent invoqué le hasard. Dans un texte célèbre, Laplace affirme :

Le hasard selon Laplace

> *Nous devons donc envisager l'état présent de l'Univers comme l'effet de son état antérieur et comme la cause de celui qui va suivre. Une intelligence qui, pour un instant donné, connaîtrait toutes les forces dont la nature est animée et la situation respective des êtres qui la composent, si d'ailleurs elle était assez vaste pour soumettre ces données à l'Analyse, embrasserait dans la même formule les mouvements des plus grands corps de l'Univers et ceux du plus léger atome : rien ne serait incertain pour elle, et l'avenir comme le passé, serait présent à ses yeux.*
>
> *Essai philosophique sur les probabilités, 1814*

Le hasard serait donc le produit de notre ignorance de *toutes les forces dont la nature est animée* et des conditions initiales. Plus loin, Laplace affirme que ce hasard disparaîtrait *entièrement devant la saine philosophie*. Mais peut-on jamais connaître toutes les conditions qui le feraient disparaître ? Notons que ce passage souvent cité comme preuve d'un déterminisme presque mécanique de Laplace est tiré de son œuvre sur le hasard et les probabilités !

Voici ce qu'écrivait[32] Lion Feuchtwanger[a] :

Le hasard littéraire

Les causes de la plupart des événements qui se déroulent autour de nous sont très nombreuses, et nous n'en identifions vraiment que quelques-unes. Nous ne voyons que tel ou tel maillon de la chaîne, mais nous n'avons jamais une vision globale de cette chaîne. Je dirais même que nous ne savons jamais où elle commence ni où elle finit. Nous avons donc bien raison de ne pas jeter notre dévolu sur telle ou telle cause particulière, mais d'attribuer au hasard le rôle principal de notre vie, même si l'arrogance de notre entendement se rebelle contre cette vision des choses.

De façon plus scientifique, le mathématicien et philosophe Cournot, qui ne voulait pas renoncer au déterminisme, écrivait[17] :

Le hasard selon Cournot

Les événements amenés par la combinaison ou la rencontre de phénomènes qui appartiennent à des séries indépendantes, dans l'ordre de la causalité, sont ce qu'on nomme des événements fortuits ou des résultats du hasard.

Cette définition est un peu tautologique puisque cette « rencontre » doit être elle-même fortuite. Elle est aussi un peu courte : des événements peuvent tout autant se produire par l'absence

a. Écrivain antifasciste allemand.

d'autres chaînes causales que par leur présence. Mais surtout ne peut-on pas dire aussi bien de tout événement qu'il est, lui aussi, *amené par la combinaison, la rencontre (ou l'absence) de phénomènes qui appartiennent à des séries indépendantes, dans l'ordre de la causalité* ? Il suffit de remonter suffisamment loin dans le temps et dans l'espace !

Près de cent ans plus tard, Poincaré va reprendre le texte de Laplace en l'enrichissant considérablement :

Le hasard selon Poincaré

Une cause très petite[a]*, qui nous échappe, détermine un effet considérable que nous ne pouvons pas ne pas voir, et alors nous disons que cet effet est dû au hasard. Si nous connaissions exactement les lois de la nature et la situation de l'univers à l'instant initial, nous pourrions prédire exactement la situation de ce même univers à un instant ultérieur. Mais, lors même que les lois naturelles n'auraient plus de secret pour nous, nous ne pourrions connaître la situation qu'approximativement. Si cela nous permet de prévoir la situation ultérieure avec la même approximation, c'est tout ce qu'il nous faut, nous disons que le phénomène a été prévu, qu'il est régi par des lois ; mais il n'en est pas toujours ainsi, il peut arriver que de petites différences dans les conditions initiales en engendrent de très grandes dans les phénomènes finaux ; une petite erreur sur les premières produirait une erreur énorme sur les derniers. La prédiction devient impossible et nous avons le phénomène fortuit.*

Science et méthode, page 68.

---

a. C'est le tout petit changement des conditions initiales ou n'importe quelle petite perturbation de l'environnement. (N. d. A.).

Poincaré[62] est bien le fondateur de ce qui s'appellera la théorie du chaos déterministe.

Le hasard comme explication ou absence d'explication

Le hasard qu'on pourrait appeler local ou effectif est une façon de rendre synthétiquement compte des interactions avec le milieu en laissant le travail d'explicitation éventuelle à d'autres disciplines plus microscopiques ou plus macroscopiques. Par exemple, pour comprendre la dynamique de l'évolution, on invoque le couplage du hasard de la diversité génétique (pour le microscopique) aux aléas de l'environnement (pour le macroscopique). Mais la diversité génétique décrite comme aléatoire pourrait bien être expliquée par l'action d'un rayon cosmique sur l'ADN et les aléas du climat par les variations complexes de l'angle de l'axe de rotation de la Terre avec le plan de l'écliptique. Ce qu'on appelle souvent le hasard dans un domaine est cette interaction non contrôlée avec l'environnement, interaction qui peut, par ailleurs, être contrôlée dans une autre discipline.

Deux très grands barbus du XXe siècle : Darwin et Maxwell.

Ainsi les rôles respectifs du « hasard » et de la « nécessité » peuvent avoir un statut variable. La biologie est certainement la discipline où cette dialectique s'applique au mieux. Mais elle n'est pas la seule. Jupiter dispose d'au moins 79 satellites ; on en connaît maintenant bien les quatre plus gros dont on peut supposer qu'ils se sont formés dans des conditions similaires, ils sont pourtant extrêmement différents (avec ou sans glace, avec ou sans volcanisme, tous avec des atmosphères disparates). Bien entendu, les moteurs de cette diversification n'ont rien à voir ; dans le premier cas, en biologie, c'est ce que Darwin appelait « la reproduction avec modifications » ; dans le second, ce serait davantage la théorie du chaos à l'œuvre.

Nous laisserons de côté le hasard quantique, qui apparaît maintenant comme intrinsèque à la théorie. Opposé à cette idée, Einstein pensait que ce hasard n'était que notre ignorance – actuelle – de variables cachées. Mais le physicien nord-irlandais John Steward Bell réussira en 1964 à transformer cette hypothèse un peu philosophique en inégalités testables expérimentalement. Alain Aspect[a] montrera en 1981 qu'elles sont violées, ce qui infirmera l'hypothèse de variables cachées. Sera alors invalidée, au moins pour une grande majorité des physiciens, la boutade bien connue d'Einstein : *Dieu ne joue pas aux dés.*

Pour corser le tout, dans le vivant comme dans le social règne la causalité multifactorielle et emboîtée, notamment pour la santé, la génétique ou l'économie. En particulier, en biologie, l'environnement engendre l'évolution et est engendré par elle : par exemple, le devenir des insectes dépend de celui des fleurs ; mais à son tour celui-ci dépend de la pollinisation. De même, l'apparition de l'oxygène dans l'atmosphère terrestre il y a 2,5 milliards d'années est due aux cyanobactéries qui à leur tour vont doper le développement de la vie. Causes et conséquences sont intrinsèquement mêlées.

---

a. Physicien français né en 1947, prix Wolf 2010.

Preuve, selon notre illustrateur, Nicolas Pavloff, que « Dieu ne joue pas aux dés ».

Ajoutons enfin, pour singulariser la physique (et maintenant, de plus en plus, la biologie), le rôle omniprésent des mathématiques, non tant comme concentration des connaissances que comme outil essentiel de prévision. C'est la fameuse « déraisonnable efficacité des mathématiques dans les sciences de la nature[a]», selon la célèbre formule d'Eugene Wigner[b]. On notera que la réci-

a. Formule abondamment commentée et contestée, voir par exemple les thèses de Jean-Louis Krivine[45] explicitées par Didier Dacunha-Castelle[18].

b. Physicien hongrois naturalisé américain, prix Nobel de physique 1963.

proque peut aussi se produire. Plus de trois siècles auparavant, Galilée écrivait dans *L'Essayeur* :

Le langage de la Nature

La philosophie est écrite dans ce livre gigantesque qui est continuellement ouvert à nos yeux (je parle de l'Univers), mais on ne peut le comprendre si d'abord on n'apprend pas à comprendre la langue et à connaître les caractères dans lesquels il est écrit. Il est écrit en langage mathématique.

Faut-il rappeler que les ondes radio, le neutrino, le boson de Higgs ou les ondes gravitationnelles ont *d'abord* été prévus par des équations et observés *ensuite* ? De ce point de vue on aimerait dire que les mathématiques, par leur capacité à s'abstraire du contexte, seraient le parangon des sciences dures.

En d'autres termes, de façon polaire, il y aurait les sciences humaines, caractérisées par leur impossibilité d'isoler leur sujet du monde réel et les « dures », qui s y parviendraient, souvent à l'aide des mathématiques.

La vérité n'est évidemment pas aussi caricaturale : les sciences dures ne le sont pas tant (voir le chaos déterministe et l'importance des calculs de probabilité) et les sciences molles peuvent être « localement » dures. C'est le cas en biologie du passage (délicat) des études *in vitro* aux conclusions *in vivo*. Il y a un continuum qui va des sciences dures aux sciences molles. Dans les premières, où le sommet de la chaîne causale serait constitué par les mathématiques, on peut raisonnablement faire abstraction de l'environnement et de l'histoire. Dans les secondes, c'est impossible : les sciences du vivant, par exemple, sont viscéralement accrochées à l'évolution et à l'histoire de cette dernière[a]. En économie, une telle abstraction est quelquefois utilisée mais – heureusement – souvent contestée.

Newton n'a pas vu tomber plus de pommes que Copernic

La démarche scientifique exploite évidemment des données, mais la découverte ne s'identifie pas à une façon particulièrement astucieuse de les comprimer[14] à l'aide des mathématiques[b]. En science, une découverte est généralement[c] la solution d'un problème. Problème posé soit par un comportement de données jugé anormal, eu égard aux théories en vigueur (rayonnement du corps noir), soit par la découverte d'une contradiction logique dans la théorie (relativité).

---

a. Quel serait, par exemple, l'avantage évolutif de la crosse de l'aorte ou de la présence de tétons chez l'homme ? L'anatomie humaine serait incompréhensible sans son histoire. Tous les biologistes s'accordent à dire que Dieu aurait fait un très mauvais ingénieur. François Jacob parle du « bricolage de l'évolution ».

b. Idée pourtant jadis bien popularisée par Bruno Latour[49] :

> *Bien que cette recombinaison dans les centres de calcul représente un avantage décisif fourni par ce qu'on appelle une équation (parce qu'elle lie différentes choses entre elles et les rend équivalentes), son ampleur ne doit pas être exagérée. [...] elle ne diffère pas d'un tableau, d'une liste, d'un graphique, d'une collection.*

C'est ne pas comprendre, par exemple, qu'une équation différentielle aux dérivées partielles peut ouvrir pour des années tout un programme de recherche.

c. Les découvertes par hasard (la sérendipité) ne sont pas si nombreuses. Elles doivent en tout cas « tomber sur des esprits préparés » pour être fructueuses.

Rayonnement du corps noir

Les lois du rayonnement du corps noir (ou rayonnement thermique) étaient en contradiction avec les prévisions de la physique classique. Planck aura l'idée de rendre ce rayonnement discontinu. C'est l'introduction de ce qu'on appellera le photon. Ce sera la première pierre de la mécanique quantique, dont il est inutile de souligner l'importance pour toutes les applications à la fois théoriques et dans le monde industriel.

La relativité

La théorie de la relativité restreinte d'Einstein est essentiellement venue de contradictions contenues dans la théorie électromagnétique de Maxwell ; la théorie générale de la relativité est venue des contradictions de la théorie de la relativité restreinte.

Il n'est même pas clair qu'Einstein connaissait l'expérience de Michelson-Morley, souvent réputée fondatrice de la théorie de la relativité – expérience qui établissait que la vitesse de la lumière ne dépendait pas de la vitesse de sa source ou de celle de l'observateur.

L'accumulation de données peut bien fournir le tableau de Mendeleïev, les lois de Kepler ou l'anomalie du périhélie de Mercure (voir page 44)[54]. Mais on voit mal comment elle produirait la mécanique quantique, la loi de gravitation universelle ou la théorie de la relativité qui les expliquent[a]. Ces théories, à leur tour, per-

---

a. Signalons néanmoins le travail[30], très abondamment cité, qui montre, entre autres, que l'IA peut, à partir des données observationnelles de la trajectoire de Mars vue de la Terre, retrouver l'héliocentrisme. En d'autres termes, l'IA aura assuré le passage de Ptolémée à Copernic. Dans la même veine, signalons le papier The New Decade in AI, de Gary Marcus https://arxiv.org/abs/2002.06177.

mettront de découvrir bien d'autres data comme la courbure de la lumière ou les ondes gravitationnelles qui ouvriront une tout autre exploration du ciel. Copernic n'avait pas beaucoup plus de données que Ptolémée – qui plaçait la Terre au centre du monde.

Tableau de Mendeleïev

Dans les années 1870, le chimiste russe Dmitri Mendeleïev remarqua qu'en ordonnant les 63 éléments chimiques connus par masse atomique croissante, on pouvait les classer dans un tableau de telle sorte que les éléments présents dans une même colonne aient des propriétés chimiques semblables. Les cases vides de ce tableau prévoyaient l'existence de trois éléments inconnus à l'époque : le gallium, le scandium et le germanium qui seront découverts de son vivant. Le mystère de cette périodicité des propriétés chimiques ne sera levé qu'un demi-siècle plus tard : la mécanique quantique l'expliquera par les remplissages successifs des orbites électroniques des noyaux.

Il faut insister : la découverte de Neptune, n'a pas été d'abord une donnée observationnelle, mais cette planète devait exister[a] – sous peine de renoncer à la théorie de Newton – pour expliquer les anomalies du mouvement d'Uranus. Arago en a élégamment rendu compte :

> *M. Le Verrier a aperçu le nouvel astre sans avoir besoin de jeter un seul regard vers le ciel ; il l'a vu au bout de sa plume.*

a. Il faut être prudent avec le « devait exister ». On a également longtemps cru que l'éther devait exister pour expliquer la propagation des ondes lumineuses.

Lois de Kepler

Sur la base des nombreuses observations accumulées par Tycho Brahé, – les *Big Data* de l'époque –, Kepler énonça trois lois. La première était que les trajectoires des planètes n'étaient pas exactement des cercles, mais des ellipses dont le Soleil était un foyer. Les deuxième et troisième lois décrivaient la façon dont ces ellipses étaient parcourues.

Ces trois lois découlèrent ensuite (presque) immédiatement des lois de la mécanique de Newton[b], dont la valeur est universelle[c] et vont bien au-delà (et en-deçà) du système solaire. Les lois de Newton ne sont donc pas de même nature que celles de Kepler qui se contentent de décrire mathématiquement le mouvement observé des planètes. Elles rendent compte du mouvement de *tous* les corps matériels. Elles ont prévu le retour de la comète de Halley, ont estimé *a priori* le renflement de la Terre à l'équateur et permis à Le Verrier de découvrir une planète inconnue, Neptune.

L'anomalie du périhélie de Mercure

Le périhélie de Mercure est le point de son orbite le plus proche du Soleil. On avait observé un (très léger) décalage avec les prévisions de la mécanique newtonienne. Il sera expliqué en 1915 avec la théorie générale de la relativité. Cette explication ainsi que la prévision de la déviation des rayons lumineux due à la masse du Soleil (mise en évidence par Eddington en 1919) vont assurer la gloire de Einstein. On notera que ces observations n'ont pas été à l'origine de la théorie de la relativité générale, mais l'ont évidemment confortée.

---

b. En admettant que le Soleil est infiniment lourd par rapport aux planètes et en négligeant leurs interactions mutuelles.

c. Si on se limite à la physique non relativiste.

Une théorie va bien au-delà d'une compression des données

La liste est longue. Les ondes radio, mises en évidence par Hertz[a], avaient été « découvertes » vingt années plus tôt dans les équations de Maxwell ; le neutrino ou l'électron positif ont d'abord été prévus par la théorie. De même, les ondes gravitationnelles ne sont pas d'abord une donnée observationnelle qui aurait été révélée par une variation d'un milliardième de milliardième de mètre dans la longueur des bras d'un interféromètre de 3 kilomètres ! Bien entendu, cette variation infinitésimale n'a pu être trouvée que parce qu'on la cherchait dans des instruments ad hoc, construits à coup de millions de dollars, là où la théorie générale de la relativité l'avait prédite. Il en va de même avec la découverte du boson de Higgs ; elle ne résulte pas de l'examen sans a priori de milliards de *Big Data* accumulés au CERN.

En bref, une théorie contient plus que ce qui avait motivé son élaboration, ce qui la rend à la fois plus forte et plus fragile parce que davantage sensible à la contestation.

Dans l'élaboration scientifique, au-delà de l'expérience, il y a l'expérience de pensée. Le chat de Schrödinger[b] réputé à la fois mort et vivant est peut-être l'exemple le plus connu qui montre les difficultés de la théorie quantique. Mais cinq siècles plus tôt, Galilée en fournira dans le *Discours concernant deux sciences nouvelles* un exemple magistral pour réfuter le raisonnement d'Aristote. Pour ce dernier – et l'expérience commune – les corps tombent d'autant plus vite qu'ils sont lourds. Imaginons donc une grosse boule reliée à une petite par un mince fil. L'ensemble des deux boules, plus lourd, devrait tomber plus vite que la plus lourde. Mais la plus petite qui tombe moins vite devrait, à cause du fil, ralentir la plus grosse et donc finalement la faire tomber plus lentement. La théorie d'Aristote est donc contradictoire.

---

a. Physicien allemand qui a donné son nom aux ondes hertziennes.

b. Physicien autrichien, l'un des pères de la mécanique quantique.

2 L'intelligence de l'IA en questions

Il n'existe aucune définition consensuelle de l'intelligence. Les apprentissages de la machine et ceux de l'humain ont des similitudes et des différences. Il y a des limites à la prévision par la généralisation (l'induction) : quelle que soit la taille des *Big Data*, les données du monde réel lui sont sans commune mesure.

Une définition impossible

Nous n'allons pas nous hasarder sur le terrain déjà bien labouré de la définition de l'intelligence en général. Elle peut aller i) de la capacité d'un être vivant (voire d'une machine) à s'adapter aux signaux et aux modifications de l'environnement jusqu'à ii) la faculté de représentation mentale, abstraite.

i) Non seulement les humains, mais aussi les animaux posséderaient cette première forme d'intelligence. Le chien de Pavlov[a]

a. Du nom du physiologiste russe Ivan Petrovitch Pavlov, prix Nobel 1904 de médecine et de physiologie.

correctement conditionné commence à saliver au seul bruit de la clochette systématiquement associé au repas. De ce point de vue, il a « compris » que la nourriture allait arriver : il a su associer des événements apparemment distincts. Mais cette association n'est évidemment pas causale. Elle ne lui sera d'aucun secours le jour où son soigneur aura disparu.

La compréhension peut être par induction ou par déduction.

Sur la base d'expériences répétées, le chien de Pavlov comprend que la sonnette va lui apporter de la nourriture. L'être humain – en tout cas le savant – comprend le mouvement des planètes à partir des équations de Newton.

Ce que comprend

le chien de Pavlov

l'astronome

$$F = m\gamma = G\frac{mm'}{d^2}$$

Cette adaptation peut être individuelle : c'est le mimétisme, la fuite, la salivation, la sudation, la fréquence cardiaque. Elle peut être collective : à court terme ce sont par exemple les bancs de poissons ou d'oiseaux, à moyen terme, les grandes migrations et, à long terme, la descendance avec modifications. À la limite, les plantes seraient également concernées[2] : un arbre peut se modifier suivant les saisons, mais surtout les forêts peuvent se déplacer au gré des changements climatiques. Notons qu'à l'image des fourmis ou des abeilles, ce serait davantage une manifestation d'intelligence collective – comme toujours, indissociable de l'intelligence tout court (voir page 100). Y aurait-il une intelligence des bactéries quand elles s'organisent en biofilm[a] ?

ii) La seconde manifestation d'intelligence, la capacité d'abstraction, serait davantage l'apanage des humains, dont la forme la plus élaborée passe par l'utilisation des mathématiques.

Rarement la définition d'un mot n'aura été chargée d'autant de sens différents. Mais cette ambiguïté est inévitable parce qu'aucune muraille de Chine ne sépare ces deux acceptions. La fuite, le camouflage peuvent être instinctifs ou réfléchis et de même, on peut passer des migrations à la transhumance. On lira avec intérêt la référence[1] qui traite de ce qui est communément appelé l'inconscient.

Peut-être enfin, la tâche de s'interroger sur ce que serait vraiment « l'intelligence de l'intelligence » est-elle circulaire. Ne suppose-t-elle pas le problème résolu ?

Par ailleurs, qui sait ce que sont « vraiment » les choses ? Ce qu'on peut plus modestement faire est de cerner les différents sens que les humains donnent aux mots. Il est plus sage de s'y limiter.

Il n'y aurait que des preuves d'intelligence

Comment alors définir l'intelligence de la machine sans l'avoir fait déjà pour celle des humains[b] ? Dans sa variante désormais

---

a. Regroupement qui accroît leur capacité de résistance aux agressions du milieu.

b. On connaît les nombreuses polémiques autour de la signification du QI (quotient intellectuel). Voir par exemple l'article[67].

populaire, le test d'Alan Turing[a] escamote habilement cette question en proposant seulement de les comparer. Un humain dialogue *via* un clavier (ou même aujourd'hui par la voix) avec un interlocuteur caché. Si l'expérimentateur est le plus souvent incapable de savoir s'il a eu affaire à une machine ou non, on dira que la machine a passé le test de Turing. Bien sûr, la durée du test est importante et aujourd'hui aucune machine ne l'a emporté dans des temps raisonnables.

Malgré (ou peut-être à cause de ?) sa très grande simplicité, le test de Turing est jugé peu intéressant par bien des spécialistes de l'IA. On peut d'ailleurs penser que les machines réussiraient le test de Turing s'il ne comportait que des épreuves conventionnelles du type de celles utilisées pour déterminer le quotient intellectuel (QI) des individus. Paraphrasant le poète Pierre Reverdy[b] parlant d'amour, nous dirons que pour ce test,

> *Il n'y a pas d'intelligence, il n'y a que des preuves d'intelligence.*

Il est amusant de noter (voir l'exergue, page XXV) que trois siècles auparavant, dans le *Discours de la méthode*, Descartes s'était presque déjà posé le problème du test de Turing.

---

a. Célèbre mathématicien anglais. Il a participé au déchiffrement des codes de la marine allemande durant la Seconde Guerre mondiale. Il peut être considéré comme l'un des pères de l'IA[73]. Poursuivi et condamné pour son homosexualité, il se suicida en avalant une pomme empoisonnée au cyanure en 1951. Il a été gracié, mais pas réhabilité en 2013 par la reine.

b. Poète français, associé au surréalisme.

René Descartes et Alan Turing.

© Georgios Kollidas / Adobe Stock

© Natata / Shutterstock

Aussi, nous ne définirons pas l'IA à l'aune de l'intelligence (humaine, voire animale), mais la désignerons plus prudemment avec Yann Lecun[51] comme :

> *Un ensemble de techniques permettant à des machines d'accomplir des tâches et de résoudre des problèmes normalement réservés aux humains et à certains animaux.*

Bref, une prothèse du cerveau, en quelque sorte.

Introduit à la conférence de Dartmouth de 1956, le terme même d'intelligence artificielle est devenu un produit marketing trompeur : il peut faire croire que l'IA en général est à l'intelligence humaine ce qu'est l'insuline artificielle à l'insuline de porc, c'est-à-dire la même chose en mieux. Notons qu'il ne viendrait à personne l'idée de parler de « pensée artificielle » et encore moins de « compréhension artificielle », ce qui ne serait pourtant pas très différent[a].

---

a. Y compris d'un point de vue étymologique.

Notre vision n'est pas universellement partagée, mais c'est la thèse que reprend Jean-Gabriel Ganascia[33] ou Luc Julia dans son livre au titre choc *L'intelligence artificielle n'existe pas*,[39] où il préfère voir dans l'IA une Intelligence Augmentée. Yann Le Cun[50] n'est pas loin non plus de partager ce point de vue.

Intelligences artificielles

L'IA se décline en bien des variantes (voir la revue du CEA[8] qui en énumère une liste détaillée) très souvent combinées entre elles. En simplifiant, on peut distinguer les systèmes experts et les systèmes « apprenants » (*learning machine*).

Les systèmes experts

Les premiers, les plus anciens, calquent la démarche des experts qui les ont programmés avec la logique du si... alors. Typiquement pour établir un diagnostic médical[a] on pose, comme un médecin, une batterie de questions liées : si c'est un enfant, s'il a des boutons, de la fièvre, etc., pour aboutir à une conclusion : alors c'est probablement une rougeole. Son fonctionnement, déductif, est transparent. Il est construit à partir du raisonnement logique humain[b], pas sur le fonctionnement physiologique du cerveau. Par définition, cette IA ne crée pas de connaissance nouvelle pour la communauté puisqu'elle exploite le savoir déjà établi des spécialistes, mais elle

a. À cette fin, le médecin dispose de logiciels appelés arbre décisionnel ou arbre de conduite.

b. Une remarque savante : il s'appuie sur la logique bayésienne qui permet de calculer des probabilités conditionnelles, Pr(A), sachant B, quand les événements A et B ne sont pas indépendants.

en permet un nouveau partage. Elle apprend à ses utilisateurs, au sens anglais du *teach*. Son fonctionnement, déductif, est transparent et ses conclusions explicables. Mais les données nécessaires augmentent vertigineusement ; et aujourd'hui, suite aux progrès fantastiques de la taille des mémoires et de la puissance de calcul des ordinateurs, ce sont les machines « apprenantes » (*learning machines*) qui dominent le marché. C'est essentiellement à ces machines qui fonctionnent sur une base différente[6] que nous penserons quand nous parlerons de l'IA.

Learning machine

On fournit à ces machines une base de données (images, textes, son[a]) pour leur apprendre à reconnaître ce qu'est un chat, un chien, un texte antisémite, une image pornographique, etc. Avec cette base, la machine établit des corrélations statistiques. Par exemple dans un texte, si le mot *juif* voisine souvent avec les adjectifs *avare*, *riche*, *dominateur*..., le texte sera qualifié d'antisémite. On donne ensuite un texte nouveau à tester en cherchant les mêmes corrélations. Clairement, la valeur de la réponse va dépendre de la qualité de l'apprentissage et des données. Si la qualification de chat ou chien ne souffre pas trop de la culture ambiante, il n'en va pas de même de la pornographie ou du racisme. Les allusions aux Juifs de l'humoriste Desproges risqueraient fort d'être étiquetées antisémites !

Schématiquement, l'apprentissage peut être supervisé, non supervisé ou par renforcement.

---

a. Pas encore d'odeurs ! Qui sont pourtant pour les nourrissons humains et les animaux un mode essentiel de connaissances. Et *quid* du toucher ?

Apprentissage supervisé

Actuellement, l'apprentissage supervisé est encore dominant. Dans ce cas, les données sont explicitement étiquetées en chat, chien, antisémite, pornographique, etc. Ce travail fastidieux[13] est généralement effectué par une armée gigantesque de travailleurs du clic, dispersés dans le monde entier – surtout en Asie – et sous-payés une fraction de centime par clic. Son automatisation n'est pas facile.

Apprentissage non supervisé

Le deuxième mode, le non supervisé[a], est en plein développement. On y évite ce long travail d'identification en exploitant les données elles-mêmes pour faire apparaître, sans supervision, les « bonnes » structures. Par exemple, on saurait maintenant, par l'exploitation de millions de photographies tirées du Web, discriminer les images qui contiennent un chat de celles qui n'en contiennent pas et ce, sans jamais avoir fait apprendre à la machine ce qu'était un chat. Notons quand même que si, pour faire apparaître les bonnes structures, on choisit de rassembler systématiquement les groupes d'événements les plus voisins (*clustering*), on doit avoir préalablement défini une notion de distance. Il y a là quand même une intervention humaine.

Apprentissage par renforcement

L'apprentissage par renforcement est un peu intermédiaire : il n'y a pas de modèle explicite fourni au départ, mais, suivant l'action de l'algorithme, la machine reçoit de l'environnement une valeur de retour (positive ou négative) qui orientera ses essais suivants.

---

a. Yann Le Cun trouve le terme confus et préfère parler de *self-supervised learning* (apprentissage autosupervisé).

Les données qui lui seront utiles pour apprendre sont générées par la machine elle-même. Elle est supervisée par sa propre expérience et se renforce avec une stratégie d'essai-erreur. Cet apprentissage semble le plus prometteur, mais il ne fonctionne que si la machine et l'environnement ont une influence réciproque immédiate. C'est le cas des robots.

Toutes ces méthodes peuvent être combinées. Par exemple au jeu d'échecs, on les a simultanément utilisées. Au jeu de go[4] qui représente le défi le plus extraordinaire[a], les données sont fournies par la machine qui s'entraîne en jouant, sans autre indication que les règles du jeu, des millions de parties contre elle-même. Le point important est que si la machine ne comprend pas comment elle a fait pour gagner, nous non plus ! Mais, nous l'avions noté, comprend-on précisément comment le champion humain opère ?

Voilà pourquoi au jeu de go, dont l'environnement est réduit à l'état du *goban*, la machine au vu de sa puissance de calcul peut avoir acquis en temps fini un « quasi inné » en jouant contre elle-même des millions de parties y compris « inutiles », mimant ainsi la fabrication de l'intuition d'un joueur professionnel. En un certain sens, la machine connaît avec cet objectif-là, parfaitement circonscrit, un développement buissonnant qui pourrait rappeler un schéma darwinien[b], mais limité aux frontières du jeu de go. En cas d'incendie (une dimension en plus de son environnement) la machine serait démunie, pas l'adversaire humain ! L'intelligence, c'est aussi la faculté de s'adapter à de brusques variations de l'environnement.

---

a. Rappelons que le nombre de parties possibles est des milliards de milliards de fois plus grand que le nombre total d'atomes de l'Univers !

b. Avec une différence de taille : il n'y a, ici, pas de mécanisme de « reproduction avec variations ».

Apprentissage humain, apprentissage machine

On pourrait penser que l'apprentissage humain combine ces trois modes d'apprentissage ; le premier quand un parent commente un livre d'images à son enfant, le second quand l'enfant partitionne l'univers des grandes personnes (voire des animaux) en « gentils » et « méchants », le troisième quand l'enfant est guidé dans son comportement par la logique parentale ou scolaire de récompense-punition ou bien lorsqu'il apprend, grâce aux chutes, à faire du vélo[35]. Notons que ce dernier apprentissage non intellectuel est réputé « ne pas s'oublier ».

Mais pour reconnaître un hippopotame, la machine doit apprendre à le discriminer sur des dizaines de milliers d'images, tandis qu'un enfant de 3 ans, qui n'en n'aura vu que deux[51], saura le faire, quels que soient le paysage et l'orientation de notre cétartiodactyle[a].

Le point important est que, à la différence des systèmes experts, ces machines opèrent par induction. Ramené à l'essentiel, le raisonnement par induction consiste à affirmer que si un événement s'est reproduit avec régularité jusque-là, il continuera à le faire. De façon plus savante : si une propriété se répète jusqu'à l'ordre n, elle sera encore valide à l'ordre $n+1$. Et ce, d'autant plus que n est grand ! Sous cette forme caricaturale, on en voit les limites : vos parents ont déjà vécu 20 000 jours, ils vivront « donc » le jour suivant. Vous savez certes qu'ils ne sont pas immortels (et vous non plus !), mais dans la vie pratique, vous l'oubliez.

Dans bien des cas, ce « raisonnement », bien que faux, suffit ; la durée du jour semble toujours de 24 heures, mais elle était de 23 heures il y cent millions d'années et elle va continuer d'augmen-

a. Il est bien connu que l'hippopotame fait partie de cette famille.

ter. Qu'importe, si vous n'êtes pas astronome ! De la même façon, il peut vous sembler que votre réfrigérateur est toujours éclairé puisque c'est le cas à chaque fois que vous l'ouvrez. Il faudra une ampoule grillée (un événement hors de la moyenne) pour comprendre qu'il n'en est rien. Ce qui illustre bien que ce sont souvent les événements exceptionnels qui donneront les clés de la compréhension.

Il en va de même avec l'occurrence d'événements rares. Par exemple, pour évaluer la résistance d'une centrale nucléaire à un séisme, on se fonde sur la détermination du « séisme maximal historiquement vraisemblable » qu'on majore, de telle sorte que l'accident devient très peu probable. Mais il y a beaucoup de centrales sur beaucoup d'années aussi faut-il réfléchir aux conséquences dramatiques d'un événement, même de probabilité presque nulle.

L'induction des mathématiques est une preuve

Le raisonnement par récurrence des mathématiciens, quelquefois également appelé induction, est en revanche rigoureux. Il s'établit ainsi :

On doit démontrer que si la propriété est vraie pour une valeur de n, elle l'est encore pour $n + 1$ et ce, quel que soit n ; si de plus elle est vraie pour $n = 1$, elle est alors vraie pour tout n. En effet, vraie pour $n = 1$, elle l'est encore pour $n = 1 + 1 = 2$, puis pour $n = 2 + 1 = 3$, etc.

En fouillant ses masses de données, l'IA peut ainsi établir des corrélations dont l'intérêt croît généralement (mais pas toujours, on y reviendra) avec la quantité de données. Avec les *Big Data*, il semble qu'il n'y ait pratiquement plus de limites au nombre de données et l'idée peut germer qu'avec suffisamment de données, les biais vont disparaître. Cette idée n'est juste qu'à trois conditions :

- on peut appliquer la loi des grands nombres ;

- les données ne sont pas biaisées ;
- les données ne sont pas surabondantes.

La loi des grands nombres

La loi dite « des grands nombres » et la courbe en cloche qui lui est souvent rattachée ne sont pas d'application universelle.

La taille moyenne des habitants adultes d'un pays peut être définie comme la somme de toutes les tailles divisée par le nombre de personnes mesurées. En France, c'est 1,80 m pour les hommes et 1,65 m pour les femmes. En pratique, on se contentera de calculer seulement la taille moyenne d'un échantillon de *n* personnes. La loi des grands nombres stipule que ces moyennes partielles seront d'autant plus proches de la « vraie » moyenne que *n* est grand. Elle est souvent complétée par le théorème central limite qui peut s'énoncer ainsi : ces moyennes partielles sont distribuées sur une courbe en cloche centrée sur la « vraie » moyenne[a], appelée gaussienne.

Ce théorème affirme de plus que la probabilité pour qu'un résultat s'éloigne de la valeur moyenne décroît très vite avec *n* et avec sa distance à la moyenne. En d'autres termes, les résultats loin de la moyenne sont très peu probables : très peu d'hommes mesurent moins de 1,40 m et symétriquement, très peu au-delà de 2,20 m.

Mais cette loi n'est pas universelle[70], même si son domaine d'application est – étonnamment – très étendu. Elle suppose une hypothèse : les données doivent avoir une valeur moyenne et ne pas s'en éloigner trop souvent[b]. Un exemple : le revenu n'est pas

a. Qu'on ne connaît en général pas *a priori*, mais qui sera estimée comme déterminée par le sommet de cette cloche.

b. En termes plus savants, elles doivent avoir un écart quadratique moyen fini.

distribué sur une gaussienne : s'il est en moyenne de 2 000 Euros, gros et petits revenus ne sont pas répartis symétriquement. À distance égale de la moyenne, les pauvres sont bien plus nombreux que les riches ; ce phénomène est d'autant plus observé que les pays sont pauvres.

Il peut même se faire, quand la dispersion des données est trop forte, que la moyenne elle-même n'existe pas : plus vous introduisez de termes dans son calcul, plus elle augmente. C'est le cas de la distribution du nombre de tremblements de terre fonction de leur magnitude (loi de puissance).

Le mythe des données brutes

Il n'y a pas de données brutes[53, 65]. La nature ne donne rien, ce sont toujours les humains qui l'écument à leur façon. Le terme de données est donc trompeur ; on ferait mieux de parler de prises. À l'époque des statistiques à l'ancienne, quand la quantité de données traitables était limitée, on devait faire appel à des techniques d'échantillonnage (méthode des quotas, par exemple) pour éviter les biais statistiques. Ainsi, on savait qu'un échantillonnage issu d'une enquête sur le Web en éliminait ses non-utilisateurs (les vieux et les très pauvres). Maintenant qu'on peut tout agréger sans distinction, avec l'idée (quelquefois fausse) que plus les données sont nombreuses, meilleures elles sont, il faut absolument examiner de façon critique leurs conditions d'acquisition. En fait, l'analyse de ces corrélations par l'IA est soumise aux mêmes biais méthodologiques que l'analyse statistique « à l'ancienne »[60].

L'homme des cavernes pratiquait déjà une forme d'appprentissage supervisé.

Ce qui, comme on le voit, ne l'a pas préservé du machisme ambiant. Hier comme aujourd'hui, la croyance à l'objectivité des données brutes est une mystification.

© Nicolas Pavloff

Abondance de données peut nuire

Les données sont tellement nombreuses qu'on peut en extraire n'importe quoi[12] ; en d'autres termes, trop de données peut tuer l'information. Ce qui peut arriver par exemple dans les deux cas suivants :

i) Supposons qu'on associe une lettre à chaque couple de nombres. Par exemple 01 est A, 02, B, etc. Avec des couples de nombres pris au hasard, on fabriquera des mots qui n'ont en général aucun sens. Prenons maintenant le développement décimal (infini) de π. Si on attend suffisamment longtemps (quelques milliards de milliards de milliards de chiffres), on pourra trouver une suite de couples dont la traduction reproduira les œuvres complètes de Victor Hugo ou bien sa traduction en anglais[a].

ii) ii) Quand les données d'apprentissage sont trop nombreuses et précises. Par exemple, on essaye de retrouver la loi qui lie intensité i et tension v aux bornes d'une résistance. Opérant *grosso modo*, on trouvera que v est proportionnel[b] à i. Certainement, on améliorerait l'accord avec un jeu de données en ajoutant à la paramétrisation des termes correctifs en i^2 ou en $1/i$. Mais l'extrapolation aux petites ou grandes valeurs de i serait dramatiquement mauvaise. C'est le phénomène de surapprentissage (*over fitting*). Un paradoxe est que l'imprécision des données peut être féconde pour l'élaboration d'une théorie : en toute rigueur les corps sur Terre ne tombent pas suivant la loi $x = 1/2gt^2$! (il y a la résistance de l'air, g dépend de x, il y a une correction relativiste, la Terre n'est pas un repère galiléen, etc...). La théorie d'une expérience est toujours un peu fausse[40].

IA forte et IA faible

L'usage est de distinguer une IA faible – ou, mieux dit, étroite – d'une IA forte ou générale. La première doit résoudre un problème[24] ou prendre une décision dans un cadre bien défini (jeu de go, conduite automatique de trains, reconnaissance d'image, tra-

---

a. L'affaire paraît peu croyable. Mais prenons un seul mot de deux lettres, par exemple « si », il apparaît au bout de la 246e tentative. Il faudrait beaucoup plus de temps pour faire apparaître la phrase « serviteurs qui pillez la maison », mais elle apparaîtra. Ce résultat évidemment impossible en pratique serait aussi bien obtenu – en théorie – par une armée de singes tapant au hasard sur un clavier.

b. C'est la loi d'Ohm $v = Ri$.

duction...), c'est-à-dire *toutes choses égales par ailleurs.* C'est la seule réellement existante aujourd'hui. La seconde n'a pas à répondre à une requête bien définie, mais viserait à émuler le cerveau humain. C'est elle qui assurerait la fameuse « singularité »[34], ou le triomphe de la machine sur l'homme[a]. Par exemple, l'IA faible vous indiquera le meilleur itinéraire pour aller de chez vous à un point B. L'IA forte vous dirait, en tenant compte de votre situation géographique, financière, psychologique, de la météo et de l'opinion de votre conjoint, quel point B choisir et quand le faire. Notons que la publicité ciblée donne déjà une image très embryonnaire de ce pouvoir de l'IA.

Sciences dures et IA faible

Entre les champs d'application des sciences dures et ceux de l'IA faible, il y a souvent des points communs. Points communs aussi sur la porosité de leur frontière. Il faut distinguer ce que nous appellerons les problèmes « simples », les « complexes » et les mixtes.

- Les problèmes que nous baptiserons « simples » sont ceux dont l'étude peut raisonnablement être isolée de leur environnement. C'est typiquement le cas des jeux (go, échecs...) ou de la reconnaissance d'images. Simple, ici, n'a pas la signification habituelle de aisé ou de facile : rappelons qu'il y aurait sensiblement 10^{350} parties possibles au jeu de go et « seulement » 10^{120} aux échecs ! Simple veut dire : dont on contrôle tous les paramètres, c'est-à-dire sans intervention inopinée de l'extérieur. Ce sont des problèmes à information complète.

---

a. Apparue dans les années trente, et vulgarisée par Vernor Vinge, écrivain nord-américain, dans les années quatre-vingts

• Les autres, complexes, sont intrinsèquement liés au milieu et à son histoire ;

• Les problèmes mixtes sont ceux dont une partie seulement peut être considérée comme « simple ». C'est, par exemple en médecine, la caractérisation de tumeurs cutanées ou le diagnostic de la rétinopathie diabétique. La science médicale est localement dure.

Prenons un exemple. Dans une partie d'échecs entre humains, la genèse de chaque coup est déterminée par l'intelligence et la culture échiquéenne du joueur. Il agit sur la base des mouvements connus des pièces de l'adversaire. Mais toutes autres sortes de facteurs peuvent influer : la température du lieu, la digestion des protagonistes, le bruit dans la salle, la matière de l'échiquier et la forme des pièces... Bien sûr, cette modalité d'interaction avec l'environnement joue un rôle parasite mineur ; elle est néanmoins prise en considération dans un championnat. L'IA de la machine n'y est évidemment pas sensible et c'est une force. Ici, « la carte (l'échiquier) est le terrain ».

La carte n'est pas le terrain

La carte n'est pas le terrain

Ce célèbre aphorisme dû à Alfred Korzybski[a] viendrait de l'histoire suivante : une unité qu'il commandait pendant la Première Guerre mondiale aurait été exterminée par un tir de mitrailleuses prussiennes dissimulées par un fossé non indiqué sur la carte.

a. Philosophe et scientifique américano-polonais. Fondateur de la sémantique générale.

Les limites de l'IA, ou en tout cas ses difficultés, vont être brièvement examinées dans les items qui suivent. Tous illustrent à leur façon cet aphorisme. La liste à la Prévert qui va suivre n'est pas exhaustive : on pourrait par exemple y ajouter une paysannerie sans paysan ou une littérature sans auteur[a].

Une voiture sans chauffeur

Équipée d'une masse de radars, sonars, lidars, caméras, données cartographiques et liaisons satellitaires, la voiture, telle une chauve-souris – très – améliorée, scrute la route. Mais, fondée sur l'induction, l'IA de la machine a, par construction, du mal à anticiper l'imprévu[b]. Prudence au volant redoublée si le conducteur vous précédant conduit mal, hésite, téléphone, manie son clignotant à contre-sens, a une plaque minéralogique étrangère au lieu, etc. ; ou bien lorsque des enfants jouent sur le trottoir, vont-ils inopinément traverser la rue à la poursuite de leur ballon ? Nous n'avons pas le droit de franchir une ligne jaune, on doit laisser la priorité aux piétons et pourtant il faut quelquefois transgresser pour éviter de gros embouteillages. Comment introduire le bon sens qui pourra décider la transgression éventuelle ? Autrement dit, l'IA doit incorporer des règles de sens commun. Le peut-elle ? Et *quid* d'un bruit étrange du moteur et des odeurs de brûlé ? C'est encore le problème de l'interaction avec le reste du monde qui est posé ; ce que prend naturellement en considération tout conducteur expérimenté qui n'a pourtant pas vu les millions d'exemples de la machine. C'est

a. Voir le logiciel GPT2 qui sait fabriquer tout un article à partir du seul titre.

b. Et ce d'autant plus qu'il serait éthiquement impossible de lui faire faire de l'apprentissage par renforcement ! Apprentissage qu'a pourtant pu réaliser un conducteur sur une route qu'il connaît bien. Il sait qu'à tel endroit et telle heure, il doit ralentir.

l'analogue de l'enfant qui reconnaît l'hippopotame sur la seule base de deux ou trois images.

Ne parlons pas de la responsabilité en cas d'accident. Au Moyen Âge, on a jugé des animaux (souvent des cochons) qui avaient blessé ou même dévoré un nourrisson ; jugera-t-on demain la machine ? Ni des dilemmes éventuels de la conduite : en cas d'urgence, vaut-il mieux écraser un jeune en dehors des clous ou un vieux en règle ? Par ailleurs, si un seul mort est préférable à deux, que faire si le mort, c'est vous ? Comment définir des règles morales pour la machine ? Et pour nous ?

On voit donc que la conduite de véhicules, généralement considérée comme IA faible, n'est pas si faible que cela puisqu'elle implique du sens commun, voire une conscience et même une morale. En revanche, automatiser des files de camions sur autoroute semble bien plus réaliste. Les trains automatiques fonctionnent très bien : il suffit de surveiller l'état de la voie et la présence d'obstacles éventuels.

Il est tout à fait probable qu'on puisse demain démontrer sur la base d'une bonne statistique que les voitures autonomes génèrent néanmoins en moyenne moins d'accidents[a], mais cela ne les rendra pas pour autant plus acceptables. En effet, une grande partie des accidents arrive parce que les conducteurs sont alcoolisés et/ou fatigués, ce qui ne sera jamais le cas de la machine, mais tout un chacun pourra penser qu'il ne sera jamais dans cette situation de conduite périlleuse ; nous ne sommes jamais « l'homme moyen ».

a. Tesla rapporte un taux d'accidents neuf fois inférieur à la moyenne avec l'utilisation de son Autopilot. Mais le test a eu lieu avec des voitures modernes et sur autoroute. De plus, en cas de situation ingérable par l'IA, le conducteur doit reprendre la main.

Une médecine sans médecin

Nous n'envisagerons pas ici la recherche médicale qui a toutes les caractéristiques d'une science dure, mais l'art de soulager, de soigner – voire de guérir.

Dans une consultation médicale, comme au jeu d'échecs, la conduite de l'interrogatoire et le choix du protocole de soins sont également déterminés par la culture médicale du praticien et l'état des lieux[21]. Mais cet état, à la différence du jeu d'échecs, ne se réduit pas à une information aussi restreinte que les positions des pièces sur l'échiquier, ce qui serait le cas si on devait se limiter aux radios et autres bilans éventuellement très sophistiqués. En fait, tout le mode de vie du malade, son histoire depuis la petite enfance – et même avant –, la façon dont il la raconte, doivent être considérés. Là encore s'illustre l'aphorisme que la carte n'est pas le terrain. L'environnement et l'histoire ne jouent plus ici seulement un rôle parasite. Et comment étudier l'observance du traitement qui est un facteur clé de sa réussite, sans considérer l'empathie du médecin ? Il n'y a pas de « malade moyen » et ce qui fait le succès des médecines dites alternatives est leur prétention à soigner non pas la maladie, mais le malade, donnant ainsi l'illusion qu'elles dominent le rôle de l'environnement.

Dans une vision scientifique de la médecine, la conviction : « on y croit parce que ça marche » est opposée à la crédulité : « ça marche parce qu'on y croit » . Précisons le « ça marche » des scientifiques. Il ne s'agit pas seulement de résultats empiriques dûment contrôlés, mais aussi d'une cohérence théorique, c'est-à-dire de la capacité des protocoles à s'intégrer dans le reste des connaissances, à les faire progresser et à en fournir de nouvelles. Mais en médecine est-il facile d'opérer ce *distinguo* ? On sait que l'efficacité de tout médicament est passablement potentialisée par l'effet *placebo* (confiance dans le prescripteur, apparence des pilules, etc.). En plus de l'influence – nulle – de la chimie du médicament homéopathique, il y a celle, indirecte, mais tout à fait réelle, générée par le cerveau du patient. Et apparemment, ça marcherait. N'est-ce pas l'essentiel ?

Non, pour au moins deux raisons. D'abord parce que ça ne marche que pour des cas bénins[68] – autant que les amulettes et les prières – et ensuite on voit mal comment ce type de médecine, quasiment médiévale, pourrait progresser[19].

Il ne faut maintenant pas faire de nécessité vertu : partout où l'on manque de médecins dans les pays pauvres, on pourrait considérer qu'il serait plus rapide (et économique) de former rapidement des infirmiers avec de « bons » logiciels capables de diagnostiquer les maladies les plus fréquentes (paludisme, fièvre jaune, choléra) et d'en proposer un traitement. Et pourquoi ne pas étendre ce mécanisme aux déserts médicaux des pays riches ? Le gouvernement français veut ainsi développer la télémédecine. Avec un objectif de 500 000 actes dès 2019, et presque trois fois plus en 2022. Toute cette médecine, qu'on pourrait presque qualifier de médecine de guerre, serait parfaite si le traitement des maladies était une discipline « simple ». Nous faisons nôtre cette réflexion lapidaire de Bernard Grenier [a] :

> *Tout médecin qui pense qu'il pourrait être remplacé*
> *par un ordinateur devrait l'être immédiatement.*

Un enseignement sans professeur

Il en va un peu de même avec l'enseignement. Mieux vaudrait un télé-enseignement assisté par l'IA que rien. Mais l'empathie de l'enseignant est aussi importante que celle du médecin. Il n'y a pas d'enseignement sans échange. Neuroscience et neuropédagogie

---

a. *Évaluation de la décision médicale*, Masson, 1999.

sont maintenant à la mode. Il faut signaler à ce propos la très claire interview de Michel Blay[a]. Sans ignorer les apports de la neuropédagogie, il en souligne la myopie éventuelle : le seul (dys)fonctionnement des synapses du cerveau n'explique pas les difficultés de l'apprentissage de l'enfant qui a son histoire et interagit avec la société qui l'entoure. Dans une classe d'école, il y a des « bons » et des « mauvais » élèves. On peut bien sûr examiner le fonctionnement de leur cerveau avec les outils de la neuroscience et tenter d'y démêler des différences. Mais le point est que les « mauvais » élèves ont généralement peu de livres à la maison, ne sont jamais allés au théâtre ou au concert. Bref ils ont un environnement différent de celui des « bons ». L'environnement fourni par la télévision et les divers écrans est statique et pauvre ; il ne permet pas le contact dynamique avec le monde que fournit la discussion avec les parents et l'entourage. Si on opère sans précaution, c'est une espèce « d'intelligence artificielle » dont on nourrit le cerveau[23, 71].

Étienne Klein résume bien la situation quand il écrit[b] :

> *Pour être efficace, l'enseignement doit se faire au « corps à corps », c'est-à-dire en discutant face à face avec quelqu'un, en échangeant des regards, des idées, des arguments, des contre-arguments, et dans cette interaction les pensées de l'un et de l'autre évoluent. S'il n'y a plus cet échange, on est portés à aller voir les sites d'information qui sont conformes à ce que l'on pense déjà. Sur Internet, nous sommes dans un silo cognitif qui fait que l'on est rarement porté à éprouver la contradiction de ce que l'on pense. On fabrique des bulles cognitives qui nous enferment dans ce que l'on pense déjà. Or penser, c'est dire non à sa propre pensée. Pen-*

a. Publiée dans *Médiapart* 27 août 2019.

b. Interview par Iris Maignan reproduite dans *Maddyness* 23 août 2019.

ser, c'est constamment interroger ce que l'on pense pour savoir si on a raison de le penser. Une pensée qui n'est jamais interrogée devient une croyance.

Une physique sans physicien

Si on se limite aux champs des sciences dures, donc bien délimités, l'intérêt de l'IA (faible) est considérable. Prenons simplement l'exemple de l'astronomie : pourrait-on sans IA étudier une fraction même dérisoire des milliards de galaxies peuplées chacune de milliards d'étoiles[a] ? On sait qu'il existe une masse et une énergie manquantes dans l'Univers. La masse manquante (appelée matière noire) tient au mouvement « anormal »[b] de régions extérieures des galaxies, au-delà de la partie visible, et par ailleurs des galaxies dans les amas de galaxies. L'énergie manquante est due au fait que l'expansion bien établie de l'Univers a tendance à s'accélérer alors qu'elle devrait diminuer à cause des effets de la gravitation qui tend à rapprocher tous les corps de l'Univers. Si les *Big Data* et l'IA associée sont des outils irremplaçables pour étudier et quantifier ces phénomènes, ces « manques » ne sont pas des données absentes, mais résultent de considérations théoriques essentiellement fondées sur la théorie de la gravitation.

Des mathématiques sans mathématicien

Rien *a priori* ne s'opposerait à ce que l'IA, en partant d'axiomes et de règles de déduction, ne démontre de nouveaux théorèmes. Il pourrait y en avoir autant qu'on veut. Mais encore faudrait-il que

---

a. On a répertorié aujourd'hui 1,4 milliards d'étoiles de notre galaxie sur les 250 milliards qu'elle contient. Imprimées, ces données tiendraient dans un catalogue de plus de cent millions de pages !

b. Par rapport à ce que prévoirait la théorie de la gravitation.

ces nouveaux théorèmes soient intéressants. Et comment la machine pourrait-elle le savoir ? En tout cas, on pourra apprécier cette prophétie quelquefois attribuée à Einstein[a] :

> *Les machines un jour pourront résoudre tous les problèmes, mais jamais aucune d'entre elles ne pourra en poser un !*

Si les développements de l'IA doivent directement beaucoup aux mathématiques (logique, calcul des probabilités ou théorie des graphes), la réciproque[52] est pour l'instant moins claire[b]. Jean-Gabriel Ganascia signale néanmoins que le système graffiti qui génère des conjectures en théorie des graphes a donné lieu à de nombreux articles qui s'attachent à démontrer certaines des conjectures qu'il a engendrées.

Le fameux théorème des quatre couleurs affirme que quatre couleurs sont suffisantes pour colorier une carte de géographie sans que deux pays voisins aient la même couleur. Ce problème très difficile, mais d'énoncé simple (comme le théorème de Fermat[c]), n'a été résolu qu'en 1976. Il n'a pas été démontré par la machine, comme on l'a souvent écrit, mais grâce à son aide incontournable : les mathématiciens ont réussi à ramener sa résolution à l'examen de 1 478 configurations que la machine n'avait plus qu'à tester.

Il faut aussi mentionner les puissants logiciels de calcul formel comme Maple ou Mathematica qui débarrassent l'utilisateur de calculs pénibles, un peu comme la calculette aide l'épicier à établir son bilan.

---

a. Mais plus vraisemblablement due à von Neumann.

b. Voir l'interview de Gérard Berry dans le n° 68 de *Tangente*.

c. Énoncé il y a plus de trois siècles, ce théorème – apparemment simple – stipule que l'équation $x^n + y^n = z^n$ n'admet aucune solution pour x, y, z entiers et $n > 2$.

La multiplication des programmes informatiques longs dans tous les domaines augmente les probabilités d'erreurs (*bugs*), c'est-à-dire de « plantage » ou – ce qui est beaucoup plus grave – de fonctionnement non conforme à leur spécification. Ces erreurs peuvent être catastrophiques (en médecine, en aéronautique...), aussi les preuves de programme constituent-elles une branche de la logique mathématique en plein développement. On peut les considérer comme partie prenante de l'IA, mais ce ne sont pas les facettes de l'IA destinées à l'exploitation statistique des *Big Data*, objet de cet essai.

Une justice sans juge

Le recouvrement des petites contraventions forfaitaires par les radars automatiques n'en sont qu'une ébauche. Ses tenants considèrent que dans ce cas, le Code pénal peut fonctionner comme un algorithme qui calcule les peines indépendamment du contexte, ce qui peut énerver bien des conducteurs. Mais il y a plus grave. Déjà passablement expérimentée aux États-Unis, l'IA est seulement censée aider le juge à déterminer si la libération conditionnelle d'un détenu est souhaitable. Bien sûr, on affirme que c'est le juge qui décide en dernière analyse, pas la machine. Mais qui osera prendre une décision contraire à celle de la machine et risquer de subir les foudres d'une récidive non prévue ? Que devient le principe apparemment constitutionnel de l'individualisation de peine ? Et de plus, qu'est-ce qui fonde le « conseil » de la machine si ce n'est la jurisprudence, souvent[52] teintée de préjugés et de racisme ?

Une traduction sans traducteur

Une machine ne comprend pas un texte, même si elle peut faire semblant ; elle est – pour l'instant en tout cas – incapable de le résumer. Une phrase grammaticalement correcte comme : « il est né dans la maison qu'il a construite », ne la trouble pas plus que « il est mort dans la maison qu'il a construite ». Le bon sens lui manque, là-encore, pour savoir que les harengs de la phrase « j'ai mangé une pizza avec des harengs » ne sont pas des commensaux. Enfin, le contexte est décisif pour comprendre « il s'est battu avec Franco » : ce peut être « contre les Rouges » ou avec. Et comment traduire l'humour ? La traduction orale du français a ses difficultés que seul le contexte[15] peut résoudre : « j'ai vu des gens tués » n'est pas « j'ai vu des gens tuer ». Ou bien quel sens donner à la phrase « ce n'est pas un problème pour toi » ? Ce peut être aussi bien : tu es trop ignorant (ou trop jeune) pour le traiter, ou bien au contraire, bien trop expérimenté pour hésiter dans ta réponse.

Peut-on alors traduire sans comprendre ? Pour Virginia Woolf qui affirme que : « Traduire, c'est penser le monde », cela semble difficile. Il est significatif qu'en français au moins, on dit du traducteur oral qu'il est un interprète, tout comme un musicien. La traduction automatique a néanmoins fait des progrès extraordinaires. Les premières traductions se contentaient des connaissances d'un superdictionnaire et de règles de grammaire[52], mais ignoraient le contexte ; une belle-mère n'est pas – nécessairement – une mère belle !

On a maintenant rétabli une forme de connaissance statistique en puisant avec toutes les techniques de l'IA dans des gigantesques bases de données. N'empêche que si la traduction d'un texte scientifique ou technique peut être bonne, il n'en va pas de même pour un texte littéraire. Nous ne parlons évidemment pas de traduction parfaite ; elle ne saurait exister ni pour la machine ni pour l'homme, mais, disons, acceptable. La raison est que la traduction n'est pas un problème « simple » : un texte littéraire renvoie à une masse (presque ?) infinie de connexions avec le monde, pas le texte scientifique. Sa richesse est dans son ambiguïté, ce qui n'est pas le cas du dernier.

Un mot encore sur le rôle de l'environnement et de son histoire : il n'y a pas de langue universelle, ni même de langue de signes[a]. En revanche, moins dépendant du contexte, le langage mathématique est plus universel.

Un art sans artiste

En musique comme en peinture, les tentatives que nous ne développerons pas ici sont nombreuses. Google s'est même essayé – sans succès – à la poésie en faisant avaler 11 000 ouvrages à la machine... Opérant par induction sur la base de toute les productions du maître, la machine peut être un faussaire génial et fabriquer un faux Rembrandt (voir le projet *Next Rembrandt*[b]), ou même composer à la manière de Bach. Mais il ne s'agit pas à proprement parler d'œuvres originales. Là encore, on retrouve l'intérêt et les limites de l'IA : peut-on faire éprouver de l'émotion qui semble indispensable à tout amateur d'œuvre d'art sans la connaître soi-même ?

Une planification pilotée par l'IA ?

Les sociétés qui fonctionnent essentiellement suivant la loi du marché ne sont que marginalement planifiées : l'allocation des ressources et des biens y serait naturellement effectuée par la fameuse « main invisible » d'Adam Smith. Les bolcheviks vont se confronter à partir de la révolution d'Octobre à ce formidable défi de remplacer cette main invisible par une volonté consciente. Nous n'esquisserons pas les débats enflammés et les drames qui ont entouré cette tentative. Il y a un problème politique et social : comment et par qui déterminer les objectifs de la production ? Puis

---

a. Il y en a presque autant que de langues parlées.

b. Voir https://www.nextrembrandt.com/.

comment les réaliser ? Les révolutionnaires ne disposaient certainement pas des outils mathématiques nécessaires : il n'y a qu'à songer aux millions d'interactions des facteurs de production représentables par des millions d'équations interdépendantes. Saurait-on résoudre aujourd'hui ce problème ? Probablement oui, si ces dépendances étaient linéaires, mais il n'y a aucune raison pour qu'il en soit ainsi. Et donc, comme nous l'avons vu page 36, de toutes petites erreurs – inévitables – de conditions initiales ou de coefficient peuvent entraîner des conséquences gigantesques. La meilleure IA serait alors impuissante.

Une hypercentralisation est certainement vouée à l'échec parce que la planification est un phénomène complexe au sens où nous l'avons défini page 62. Comment faire abstraction des modifications de l'environnement (préférences sociales, épidémie, sécheresse, inondations, guerres...) ? Quelles forces de rappel pourront-elles permettre de réajuster en permanence les objectifs et les moyens ? En d'autres termes, dans l'élaboration et l'exécution du (ou des) plan, la démocratie n'est pas seulement un idéal moral, c'est aussi une nécessité.

Un champ de bataille sans soldat

Grâce aux « progrès » de l'artillerie et de l'aviation, les deux grandes guerres mondiales ont introduit une certaine forme d'anonymisation de la tuerie. Ce que des drones bombardiers pilotés par l'IA pourraient préfigurer en est une déresponsabilisation accrue. Voici ce qu'on peut lire sur le largage de bombes décidé à partir de la reconnaissance d'image[a].

> *Mais, même très ciblées, elles n'évitent pas toujours les erreurs. Le 12 décembre 2013, un drone lance quatre*

a. Extrait tiré du journal *Le Point* du 9 juillet 2015.

missiles sur un convoi de onze véhicules au Yémen, croyant viser des militants d'Al-Qaïda. En fait, c'est encore un mariage qu'ils ont transformé en enterrement, dira l'un des habitants. Douze personnes sont tuées, et quatorze blessées. Les autorités américaines reconnaissent qu'elles ont ouvert une enquête interne et le président Obama promet quelques mois plus tard de renforcer la réglementation sur les frappes. Mais, en avril 2014, un drone de la CIA s'attaque à un camion qui transporte 11 hommes armés soupçonnés d'appartenir à Al-Qaïda. Bilan : 9 paysans qui se trouvaient dans un autre camion sont tués ou blessés.

Bien entendu, on affirme qu'en dernière analyse l'ordre de tir doit émaner de personnes humaines. Mais la même remarque que nous avons faite pour les décisions de justice vaut encore. Qui osera s'opposer à une décision de machine réputée moins faillible que l'humain ? Inutile de développer les problèmes moraux et politiques qui découleraient de ces tueries sans meurtrier.

3 L'intelligence humaine en questions

Les problèmes rencontrés par l'IA sont finalement aussi ceux que s'est posés l'intelligence humaine : c'est le passage de la corrélation à la causalité, puis de la causalité à l'explication par une théorie. Mais si la fonction du cerveau est d'anticiper, est-on réellement obligé d'emprunter ce chemin scientifique « classique » ? L'exploitation des déluges de données par l'IA ne permet-elle pas de prévoir sans théorie ?

Pourquoi demander à l'IA plus qu'à notre intelligence humaine ? Toutes ces failles de l'IA ne sont-elles pas aussi celles de notre cerveau ? Après tout, l'écrasante majorité de nos actions ne résulte pas d'une compréhension théorisée ; elles se fondent, comme la machine, également sur l'induction. C'est, suivant les domaines, ce qu'on appelle le flair[a], l'instinct, le réflexe, et plus intellectuellement, le sens clinique, le bon sens, l'intuition, etc. Par ailleurs, le cerveau humain, comme la mémoire de la machine, ne peut avoir accès qu'à une fraction infinitésimale de l'environnement. En bref, nous autre humains,

i) pouvons-nous avoir accès à tout notre univers et

a. Qualité qu'on ne saurait dénier aux chiens !

ii) puisqu'on « accuse » la machine de ne pas toujours être intelligible, comprenons-nous toujours nos actes ?

La connaissance numérique est dérisoire

Bien entendu, comme la machine, nous ne savons établir qu'un nombre dérisoire de contacts avec le reste du monde. Mais face au nombre potentiellement infini de ces contacts, le cerveau humain a un comportement dynamique : il peut toujours en butiner la (petite) partie qui lui semble intéressante.

Dans un ouvrage précédent[44], nous considérions un vrai terrain. Peut-on en rendre compte de façon numérisée ? Sa perception par l'œil mobilise quelque 120 millions de cônes et de bâtonnets et les meilleures caméras peuvent aujourd'hui faire bien mieux. Notons cependant que la perception des couleurs par l'œil humain n'est pas la seule possible ; les animaux en ont une autre et les chauves-souris « voient » par ultrasons. Mais surtout, sauf pour un géomètre, le terrain ne se réduit pas à sa carte. Il y a son sous-sol, la nature de sa flore et de sa faune (avec ses millions d'espèces mortes ou vivantes), son histoire, sa géologie, son odeur, sa beauté, son prix au mètre carré, sa poésie, etc. Bref, tout ce qui fait que l'intelligence humaine passe de la perception à la sensation puis, éventuellement, à la compréhension.

Pour les matérialistes, le terrain, comme les arbres, existe indépendamment de la conscience que nous en avons. Wikipédia nous apprend :

> *Un arbre est une plante ligneuse terrestre comportant un tronc sur lequel s'insèrent des branches ramifiées portant le feuillage dont l'ensemble forme le houppier, appelé aussi couronne.*

Certes, mais pour le psychanalyste, ce même arbre est plutôt un symbole phallique et, pour l'agriculteur, une source de revenu. Suivant le contexte, l'esprit humain rattachera l'arbre à un paquet de données qu'il choisira dans l'univers des possibles.

En revanche, les données des *Big Data* sont à un instant donné fixées. Coupées de leur contexte, elles sont en quelque sorte dématérialisées. Un peu comme des résultats de mesure de longueur ou de durée donnés sans en préciser les unités. Dire qu'un individu mesure 1,80 m, c'est le rattacher à la dimension de la Terre et lui donner un âge de 60 ans, c'est le rattacher au temps de révolution de la Terre autour du Soleil[a].

Aussi *big* soient-elles, c'est une illusion de croire que les données répertoriées peuvent s'identifier au terrain. La machine est confinée aux contenus de ses mémoires et la carte (numérique), aussi détaillée soit-elle, n'est pas le terrain ; elle est toujours infiniment moins. Voilà pourquoi le bon sens, qui renvoie à tant de connexions au monde, est si difficile à atteindre. Comme l'écrit Yann Le Cun[51] :

Une absence : le sens commun

> *Le fait que le monde soit tridimensionnel, qu'il y ait des objets animés, inanimés, mous, durs, le fait qu'un objet tombe quand on le lâche... Les humains*[b] *apprennent ça par interaction. Et c'est ça qu'on ne sait pas faire avec les ordinateurs. Tant qu'on n'y arrivera pas, on n'aura pas de machines vraiment intelligentes.*

Pour Descartes, c'est bien connu, « le bon sens est la chose du monde la mieux partagée » ; il ne l'est pas pour la machine. Bien

a. Ou plus précisément, c'était le rattacher : aujourd'hui, les étalons de distance et de temps ont changé.

b. On pourrait ajouter les animaux.

des bévues de l'IA résultant de calculs très sophistiqués doivent être corrigés en y faisant tout simplement appel[27]. Par exemple une modification de quelques pixels – invisible à l'œil nu – sur une image peut brutalement transformer un éléphant en chaise[47]. Et les chaises n'ont aucune raison de se trouver en cage dans un zoo. Tout le monde le sait, pas la machine.

De la corrélation à la causalité

Vraies et fausses corrélations

Quand deux quantités varient de façon synchronisée, elles sont corrélées. Si la variation va dans le même sens, la corrélation est dite positive, négative sinon. Il faut poursuivre cette simultanéité pendant un temps suffisamment long pour éliminer ainsi les corrélations par hasard, qui sont en fait des coïncidences. Elles ne sont d'aucune utilité, si ce n'est comme source d'escroquerie. Le mécanisme est simple.

Chaque année, des milliards de milliards d'événements se produisent. Et aujourd'hui – notamment grâce aux *Big Data* – on dispose de la trace écrite de l'évolution de plusieurs millions d'entre eux. Et c'est bien le diable si en en choisissant une, on ne trouve pas parmi les millions répertoriées une autre qui lui ressemble ; surtout si les données sont pauvres et qu'on peut manipuler les échelles de la représentation[a]. Le site http://tylervigen.com/spurious-correlations en donne bien des exemples farfelus, mais spectaculaires, comme :

---

a. En modifiant l'échelle des ordonnées, on peut rectifier à sa guise la pente moyenne des courbes.

1. dépenses en sciences, espace et technologie *versus* suicides par pendaison ;
2. taux de divorce dans le Maine *versus* consommation par tête de margarine ;
3. nombre de victimes par noyade dans les piscines *versus* puissance générée par les centrales nucléaires nord-américaines ;
4. consommation de fromage par habitant *versus* nombre de gens morts la même année pour s'être empêtrés dans les draps.

Citons enfin le canular à vertu pédagogique[58] publié dans la très sérieuse revue *New England Journal of Medecine*. Il y montre la corrélation étroite entre la consommation de chocolat par tête d'habitant et le nombre de prix Nobel pour en déduire les vertus cognitives du chocolat.

Vraies corrélations, mais fausses causalités

La corrélation relie donc deux événements qui semblent évoluer systématiquement de pair. La causalité suppose de plus que l'un est la raison de l'autre, ce qui n'est pas nécessairement le cas, même quand le premier précède invariablement le second ; c'est une condition nécessaire, mais pas suffisante de causalité[a]. On connaît la blague qui, partant de la corrélation étroite et bien avérée entre la taille des pieds des élèves et leur niveau en mathématiques, en « déduit » que : plus leurs pieds sont grands, meilleures sont leurs connaissances en mathématiques. Corrélation évidente, mais causalité ? Bien entendu, la taille des pieds n'est pas une cause, elle est simplement un marqueur de l'âge des écoliers !

---

a. L'adage latin *Post hoc, ergo propter hoc* [advenu ensuite, donc à cause de] est profondément faux.

Plus grands sont les pieds, meilleur est le niveau des élèves en maths !

L'intervention d'un troisième événement (ici, l'âge des écoliers) qui explique la corrélation s'appelle *facteur de confusion*. Les exemples sont légion. Les personnes noires représentent 14 % de la population nord-américaine mais 40 % de sa population carcérale. En admettant – ce qui est loin d'être – que la justice et la police sont exemptes de préjugés racistes, peut-on en déduire que la couleur de peau est un facteur de délinquance ? Ici, le facteur de confusion est le milieu social. Il y a même des inversions de causalité amusantes. Dans son livre[16], Baptiste Coulmot a étudié la corrélation entre le choix des prénoms et la réussite au bac. Par exemple 22 % des Joséphine ont la mention très bien, contre 2,6 % des Dylan. C'est une façon (bien indirecte) de relier le facteur de confusion qui est le milieu social à la réussite scolaire. Il a même reçu plusieurs lettres lui demandant conseil pour le choix du prénom de futurs enfants !

Cette identification de la corrélation à la causalité est le pain bénit de bien des humoristes : partant du fait que seulement un tiers des accidents de la route est le fait de conducteurs alcoolisés, Coluche propose de mettre en prison les deux tiers de conducteurs sobres puisqu'ils sont majoritairement responsables d'accidents. L'humoriste feint d'oublier que la majorité des conducteurs est sobre et qu'il est donc normal que la majorité des accidents leur arrive et ce, non pas parce qu'ils sont sobres, mais parce qu'ils sont les plus nombreux ! Et que dire des mises en parallèle de beaucoup d'économistes réputés sérieux, quand ils s'intéressent aux racines du chômage en corrélant toutes sortes de données hétérogènes ? Il n'y a rien de nouveau et tous les statisticiens « à l'ancienne » sont vaccinés contre ce type de dérapage.

Comme nous l'avons vu, c'est une illusion de croire que la massivité des *data* auto-immunise contre ces méfaits.

Identifier les corrélations causales

Passer de la corrélation à la causalité est peut-être le défi le plus important posé à l'IA. En l'absence de théorie bien établie (ce qui est le cas le plus fréquent), on doit appliquer un raisonnement contrefactuel dont l'exemple caricatural est le suivant : pour savoir comment la baisse de l'aiguille du baromètre et la survenue de la tempête étaient reliées, on descend à la main l'aiguille et on observe...

Mais il est clair qu'on ne peut pas souvent supprimer ou ajouter des causes éventuelles. En médecine, c'est quelquefois possible : c'est la méthode dite du « double aveugle ». Depuis longtemps, on savait que baisse de température et absorption d'acide acétylsalicylique (aspirine) étaient fortement corrélées. Comment peut-on savoir que cette corrélation était causale ? Il suffit de diviser les malades fiévreux en deux lots, l'un avec l'aspirine et l'autre avec de la poudre de perlimpinpin (une préparation homéopathique fera bien l'affaire) et de constater les résultats[a]. Prise d'antibiotiques et fatigue sont souvent corrélées. Mais les antibiotiques n'y sont pour rien. C'est la maladie qui en est la cause[b]. Dans notre précédent ouvrage[43], nous donnons plusieurs autres exemples de facteur de confusion.

La polémique la plus intéressante porte sur le climat. Les climatosceptiques relèvent à juste titre qu'on ne peut rien conclure de la corrélation couramment admise entre l'augmentation du taux de gaz carbonique dans l'atmosphère et le réchauffement climatique, puisque aussi bien, la montée en température favorise le dégazage des océans en CO_2. Manifestement, la raisonnement contrefactuel est inapplicable : comment modifier l'albédo des nuages ou des glaciers ou modifier les émissions industrielles ? Il faut un travail théorique[c] et l'établissement de modèles dont on peut faire varier les paramètres. La prédiction sera ici validée par la postdiction, c'est-à-dire par une bonne intelligibilité des climats passés.

Il en va de même avec la théorie de l'évolution, dont les prédictions sont nécessairement limitées à cause du double hasard dont elle est tributaire. Elle est en revanche tout à fait justifiée par sa postdiction quand l'environnement devient connu.

---

a. Double aveugle parce que ni le médecin ni les malades ne connaissent la nature du « médicament ».

b. Sauf en cas de diarrhées provoquées par ces médicaments.

c. Cf. les travaux du GIEC ou, par exemple, « *L'Effet de serre atmosphérique : plus subtil qu'on ne le croit* », J.-L. Dufresnes et J. Treiner, *La Météorologie,* n° 72, 2011, 31-41.

De la causalité à l'explication

Mais reste une étape encore : passer de la causalité d'un événement à son explication, c'est-à-dire à une théorie ou en tout cas à une façon de l'insérer dans une classe beaucoup plus large. Par exemple, on a bien établi que l'aspirine était la cause de la chute de température. Mais ce n'est qu'à partir des années soixante-dix qu'on en a élucidé le mécanisme par son action sur les prostaglandines. Bien entendu, une explication n'est jamais achevée ou terminale : on peut dire que la loi de la gravitation de Newton est cause de la chute des pommes comme du mouvement des planètes. Mais qu'est-ce qui cause cette loi ? Einstein expliquera que c'est la courbure de l'espace-temps créée par les masses en présence. Mais pourquoi cette déformation ? On le voit, pour les enfants comme pour les adultes, la suite des « pourquoi » semble infinie. Il n'empêche que si la causalité permet d'utiliser le médicament, seule l'explication permet de l'améliorer. De même, comme on l'a vu en physique, seule la théorie permet de prévoir des phénomènes radicalement nouveaux.

Cette distinction entre causalité et explication, bien analysée dans la référence[22], peut sembler ténue. Elle renvoie à cette vieille affirmation qui voudrait que la science ne s'occupe que du « comment », laissant à la métaphysique la question du « pourquoi ». L'explication ne serait-elle pas la recherche – sans fin – de la cause de la cause ? Peut-être, si on cherche l'explication ultime. Mais, plus modestement, elle permet de hiérarchiser les différents stades de ce qu'on appelle communément la compréhension. Pour l'étymologie latine, la compréhension, comme l'intelligence[a], relie des événements apparemment distincts. Ce lien peut être intuitif et

---

a. *Cum prehendere* [saisir, prendre avec] et *inter legere* [choisir parmi].

presque instantané, c'est-à-dire sans vision théorique, et donc inexplicable. À l'opposé, il peut être rationnellement établi, ce qui signifie immergé dans un cadre théorique qui dépasse le cas particulier en englobant bien d'autres situations.

Bien entendu, entre ces deux pôles, existent toutes les gammes de compréhension de la vie quotidienne et artistique[a]. Finalement, il en va bien de l'ambiguïté de la compréhension comme celle de l'intelligence (voir page 49).

L'IA peut certainement nous faire découvrir des corrélations insoupçonnées et même par un type de raisonnement contrefactuel singulariser celles qui sont causales, mais à notre avis elle reste impuissante à expliquer.

Pourtant, certains ayatollahs de l'IA pensent que comme nous disposons aujourd'hui d'une quantité de données et de puissance de calcul des milliards de fois plus importante que celle de nos Anciens, on pourrait revenir à l'induction, induction qui a quand même permis le développement de l'humanité pendant quelques centaines de milliers d'années.

Un quatrième paradigme ?

L'idée initiale est peut-être due à Jim Gray[b]. Il divise l'évolution des connaissances de l'humanité en quatre paradigmes. Le premier est celui de la connaissance empirique, le second celui de la révolution scientifique, le troisième celui de l'informatique, et enfin le quatrième, celui de l'IA. Si nous sommes évidemment d'accord sur les deux premiers, nous ne hisserons pas les deux autres items au

---

a. Voir *Qu'est-ce qu'une bonne explication ?*[72]

b. Informaticien nord-américain, prix Turing 1998.

rang de paradigme. Ce qui n'ôte rien à leur importance : un monde sans Internet (ou sans IA demain) est proprement inimaginable. De même, sans imprimerie, sans table de logarithme, ou sans informatique, le développement de notre civilisation aurait été impensable. Plus même, l'invention de l'écriture, il y a 5 500 ans, a été la condition *sine qua non* du développement de toute l'humanité. Cela n'en fait pas un paradigme, c'est-à-dire un changement dans la philosophie de la connaissance.

L'anecdote du taxi (voir page XVII), racontée en introduction, concentre bien des ingrédients de l'application de l'IA : il faut se rendre compte de la multitude des savoirs exploités (IA pour la reconnaissance de la voix, puis de sa traduction ; relativité générale et mécanique quantique pour le GPS du téléphone). Mais il n'y a pas de révolution dans le fonctionnement de la pensée : tout s'est passé comme si chauffeur et client avaient disposé d'un dictionnaire ultrasophistiqué.

Attardons-nous un peu sur la position extrémiste – et hélas populaire – d'un Chris Anderson. Le titre de son article[a] est éloquent.

The End of Theory : The Data Deluge Makes the Scientific Method Obsolete

> *[...]With enough data, the numbers speak for themselves, [...]Correlation supersedes causation, and science can advance even without coherent models, unified theories, or really any mechanistic explanation at all. [...]Google's founding philosophy is that we don't know why this page is better than that one: If the statistics of incoming links say it is, that's good enough. There is now a better way. Petabytes allow us to say: "Correlation is enough."*

---

a. Consultable sur https://www.wired.com/2008/06/pb-theory/.

[La fin de la théorie : le déluge de données rend la méthode scientifique obsolète]

> *[Avec suffisamment de données, les nombres parlent d'eux-mêmes,[...]. La corrélation supplante la causalité, et la science peut avancer même sans modèle cohérent, sans théorie unifiée voire sans aucune explication mécaniste du tout [...]. La philosophie fondatrice de Google est que nous ne savons pas pourquoi cette page est meilleure qu'une autre : si la statistique des liens entrants le dit, c'est qu'elle est suffisamment bonne.[...] Il y a maintenant un meilleur chemin. Les pétabytes*[a] *nous permettent de dire « les corrélations sont suffisantes ».*

Au moins quatre erreurs ou affirmations non étayées sont à la base de ce genre d'affirmations :

1. Que la théorie soit aujourd'hui inutile, voire nocive ;
2. Que la connaissance du monde peut (ou pourra) se réduire à celle des *Big Data* ;
3. Que la massivité des données les immunise contre les biais d'interprétation ;
4. Que l'IA forte découlera de l'agrégation des IA faibles ;

On peut – en bien moins caricatural – trouver des relents de ces considérations chez bien d'autres auteurs[7] :

> *La science vit ainsi une révolution épistémologique avec la mise en œuvre depuis une dizaine d'années seulement d'un « quatrième paradigme » de la découverte scientifique, à partir de l'analyse et de l'exploitation intensive des données, sans nécessité* a priori *d'un*

---

a. Soit 10^{15} octets.

> *modèle décrivant le réel. Cette révolution touche tous les secteurs scientifiques, tout particulièrement les domaines de la biologie-santé et des sciences humaines et sociales.*

Ou, par exemple quand le chroniqueur scientifique du *Monde*[a] fait dire à Stéphane Mallat [b] :

> *Il aime ainsi à rappeler que les poissons électriques se guident dans l'eau sans connaître les équations de Maxwell de l'électromagnétisme, tout en semblant les résoudre. Cependant, tempère-t-il, « quand on a beaucoup de données, on n'a pas besoin d'être superintelligent ».*

On pourrait ajouter que les chimpanzés savent utiliser avec efficacité toute une pharmacopée, que les hommes savent faire du vélo sans connaître les systèmes d'équations différentielles couplées qui régissent son équilibre dynamique, que la Terre tourne autour du Soleil sans connaître les lois de la gravitation de Newton ou que l'eau bout à 100 °C sans le savoir ! Mais nous ne sommes ni des chimpanzés, ni des poissons électriques. Ces derniers appliquent (peut-être) les équations de Maxwell, mais qu'ils ne le sachent pas est très important : ils n'évolueront pas, sauf lentement, par sélection naturelle. Tandis que nous, qui savons pourquoi, avons inventé la radio, les lasers et bien d'autres choses.

Même si la compréhension théorisée[74] ne gouverne – et ne gouvernera jamais – qu'une fraction tout à fait dérisoire de nos actions, elle est décisive pour le progrès de l'humanité. Pourrait-on envisager aujourd'hui un monde sans théorie de la relativité, sans radio, sans mécanique quantique ou sans théorie de l'évolution ?

---

a. Daté du 27 décembre 2017.

b. Mathématicien français, titulaire de la chaire de Sciences des données au Collège de France.

Le réductionnisme n'est pas l'idée que le monde n'est – à un certain niveau – constitué que d'atomes, mais l'idée que l'interaction atome-atome saura un jour en expliquer le fonctionnement ; qu'elle expliquera, par exemple, la prise de la Bastille en 1789, puisque cette prise a opposé des hommes faits d'atomes à des murailles également composées d'atomes. L'auteur de *Homo Deus*[37] n'est pas très loin de cette idée quand il écrit :

> *Peut-être un jour des percées dans la neurobiologie nous permettront-elles d'expliquer le communisme et les croisades en termes strictement biochimiques..*

L'idée que la description du monde soit numérisable, c'est-à-dire exprimable par des collections de 0 et de 1 est loin d'être évidente. C'est une question complexe que nous n'aborderons pas ; elle est bien discutée par Giuseppe Longo[56]. Mais ce qui nous semble ici réductionniste est de croire que cette traduction permettra de l'expliquer. Il en va de même avec le séquençage génétique[38, 46] dont on pensait qu'il serait l'alpha et l'oméga du développement du vivant. Là encore, la carte (génétique) n'est pas le terrain.

L'intelligence, une construction « bio-logique »

La machine est dédiée, pas le cerveau humain (ou animal). Ce dernier résulte d'une évolution qui a duré plusieurs milliards d'années : le temps du développement de la vie sur Terre. Il a suivi une logique darwinienne, c'est-à-dire, à la différence des machines, sans finalité. Les multiples voies de garage qu'il a empruntées peuvent apparaître comme une perte de temps à court terme, mais à long terme, elles lui ont conféré par un processus encore bien mystérieux son imagination, sa créativité. Bref, une intelligence *sui generis* capable de faire face à toutes sortes de situations.

On pourrait songer à ceux qui, pour gagner du temps et de la compétitivité, voudraient « finaliser » la recherche à tous les niveaux. Avec raison Alain Supiot[69] écrit :

> *Pour penser qu'un bon chercheur est un être programmable, il faut vraiment n'avoir jamais conversé avec aucun. Les meilleurs sont totalement improgrammables et imprévisibles.*

Peut-on caractériser l'imagination comme une espèce de lien hypertexte établi dans notre pensée ? C'est à la fois plus et moins.

Plus, parce qu'elle est débridée, au sens étymologique, c'est-à-dire non limitée par les choses ou les idées réellement existantes – le rêve en est la caricature. Or, c'est l'imagination qui est la source (mystérieuse) des créations scientifiques, littéraires et artistiques[9].

Moins, parce que le lien hypertexte fournit des points d'appui, qui par définition sont dûment répertoriés et donc plus immédiatement exploitables.

Cette construction du cerveau s'est faite par une interaction complexe avec le corps qui est – pour l'instant peut-être – loin de pouvoir être émulée par les systèmes de capteurs : percevoir n'est pas éprouver. Le problème de la machine, a-t-on dit, c'est qu'elle a une tête, mais pas de corps. C'est pourtant leur interaction qui a permis cette construction *bio-logique* de l'intelligence.

D'où vient cette capacité d'abstraction, comme déjà signalé, qui fait que l'enfant de trois ans, qui ne connaît l'hippopotame que par quelques images, pourra le reconnaître en toute situation, alors que l'apprentissage de la machine en réclame des dizaines de milliers ? On touche là au fameux problème de l'acquis et de l'inné discuté notamment par Chomsky et Piaget. Pour Yann Le Cun[50], aucun doute : *l'inné est une nécessité*. Il serait le résultat d'un processus d'émergence. C'est le vieux problème du changement de quantité en qualité. Il est très synthétiquement résumé par le titre de l'article de Anderson : *More is different*[3].

L'émergence

Très fréquente dans les processus physiques. Quand on refroidit suffisamment de l'eau liquide (où les molécules s'agitent dans tous les sens), on voit apparaître brusquement de la glace (quand les molécules s'organisent en cristaux), témoignant d'un nouvel état de la matière, totalement imprévisible à partir de l'étude des molécules de H_2O isolées. De façon similaire (descriptible par un formalisme mathématique analogue), un échantillon de fer composé de petits aimants désordonnés les voit soudainement s'aligner à température suffisamment basse. C'est l'apparition brutale de l'aimantation. En physique, on appelle ces phénomènes « transition de phase ».

Cette émergence d'un état collectif à partir de seules interactions locales se manifeste aussi très souvent dans le vivant. C'est par exemple le vol très organisé, en V, des oiseaux migrateurs, la formation des bancs de poissons, etc. La vie, voire la conscience serait un processus d'émergence.

Avec la même démarche, ne peut-on pas dire qu'un neurone ne pense pas, mais cent milliards, si ? Mais il s'agit plus d'une description que d'une explication, dont on est infiniment loin.

4 L'IA et les *fake news*

La prolifération de fausses nouvelles n'est évidemment pas un phénomène moderne. Bien avant l'apparition de l'imprimerie, elles pullulaient. La distinction entre mythe et histoire est relativement moderne – et même pas toujours achevée[a]. Mais leur prolifération était matériellement limitée : elles devaient être colportées oralement ou bien copiées par des scribes sur des tablettes de terre cuite et plus tard par les copistes sur des parchemins, puis ensuite consultées. L'invention de Gutenberg va changer la donne. Il n'empêche qu'il n'était pas pas possible à tout un chacun de contribuer à cette diffusion : l'impression d'un livre était coûteuse et prenait du temps. Bien entendu, l'imprimerie va permettre un développement fantastique de la culture avec les « vraies » nouvelles de la science, mais en même temps donner une résonance mondiale aux fausses et à des écrits crapuleux. On songe bien sûr aux 80 millions d'exemplaires de *Mein Kampf* d'Adolf Hitler et dans une

a. Notons que les religions ont souvent – et de façon inégale – participé à cette confusion.

moindre mesure aux centaines de milliers des *Protocoles des Sages de Sion*[a].

L'apparition d'Internet, des *Big Data* et de l'IA marque une révolution tout aussi considérable. Non seulement tout individu peut avec peu de moyens financiers (et intellectuels !) donner son opinion, mais espérer la propager instantanément partout dans le monde entier. Inversement, riche de ces milliards de données sur les réseaux, tout internaute peut tenter de se forger une opinion. Mais comment séparer le bon grain de l'ivraie ? Prenons deux exemples. Si vous cherchez à vous documenter sur l'auriculothérapie[b], vous trouverez plus de 20 000 sites dont pratiquement aucun ne vous signalera son inefficacité. L'énergie libre est une grandeur thermodynamique (comme la température ou l'entropie) mais l'écrasante majorité de ses 14 000 références vous renvoie à une escroquerie pure et simple : un moteur délivrant un mouvement perpétuel.

Peut-on, par exemple, dire de l'homéopathie qu'elle est sans effet, puisque dépourvue de base scientifique ? Qu'elle aurait un rôle analogue à celui des amulettes ou des prières à un (ou plusieurs) dieu(x), pour la réalisation d'un vœu ? Ce serait taxer d'irrationalité totale la majorité du genre humain : la médecine homéopathique est utilisée par des millions de personnes – surtout en France – depuis plus de deux siècles et la prière pratiquée par des milliards de fidèles dans le monde depuis des millénaires. Il doit bien y avoir un effet. Pour les scientifiques athées que nous

---

a. Faux paru au début du XXe siècle dans la Russie tsariste, traduit ensuite en plus de dix langues et qui va connaître un succès mondial. Il expose comment les Juifs entendent se partager le monde.

b. Variante d'acupuncture sur l'oreille qui se fonde sur sa ressemblance avec le fœtus humain. N'a aucun fondement scientifique ni preuve de son efficacité.

sommes, le succès des *fake news* tient en une combinaison de plusieurs facteurs :

- *L'effet placebo*

Comme on l'a déjà souligné page 66, un médicament n'agit pas seulement par son influence chimique directe, mais aussi par le fait que le cerveau anticipe son action bénéfique et produit à son tour une chimie apaisante. Cet effet largement documenté joue également sur *tous* les médicaments. À tel point qu'on dit souvent « que le meilleur médicament, c'est le médecin ». Et pourquoi pas la parole du chaman ou du prêtre ? Et quelle chimie peut-on associer, en cas de détresse, à la parole de la maman ? On le voit l'effet placebo est loin d'être limité aux médicaments.

- *Le pari de Pascal*

Le gain à la loterie est peu probable. On peut même affirmer que si l'État (ou le casino) y gagne finalement, c'est que le parieur y perd en moyenne. Mais entre la grande probabilité de perdre de petites sommes et la probabilité même infime d'en gagner une énorme, «le cœur a ses raisons que la raison ne connaît point », comme l'énonce Pascal. Son célèbre pari obéit à cette «logique » :

> *Dieu est ou il n'est pas ; mais de quel côté pencherons-nous ? La raison n'y peut rien déterminer [...]. Pesons le gain et la perte en prenant croix* [en pariant pile avec une pièce de monnaie, N. d. A.] *que Dieu est. Estimons ces deux cas ; si vous gagnez vous gagnez tout, et si vous perdez vous ne perdez rien : gagez donc qu'il est, sans hésiter.*
>
> *Pensées, 1669*

L'idée est claire : même si la probabilité d'existence de Dieu est faible, le gain de cette éventualité est colossal pour le croyant vertueux. S'y conformer coûte un peu mais peut rapporter gros. En revanche, mener une vie de débauche procure certes un plaisir éphémère, mais risque de coûter énormément. Le calcul est donc vite fait : on a intérêt à croire. C'est un peu le principe de précaution avant la lettre, quand le risque même peu probable peut coûter énormément. Néanmoins, le bénéfice qu'on attend d'une croyance ne la rend pas plus vraie. En fait, plus qu'une raison de l'existence de Dieu, Pascal donnerait une raison de s'engager dans la voie de la piété.

L'homéopathie remplit à coup sûr la tradition hippocratique du *primum non nocere* [d'abord ne pas nuire]. Et donc, même si son efficacité est discutable, pourquoi s'en priver puisqu'on ne risque rien ?

- *La régression vers la moyenne*

L'efficacité des guérisons divines – en tout cas pour les non-croyants – est un cas particulier de ce qu'on désigne de façon savante par la « régression vers la moyenne ». En l'occurrence, on fait dépendre d'une cause externe, ce qui est un résultat purement statistique. Prenons deux exemples.

– Les pluies ont été particulièrement rares et la sécheresse menace. Beaucoup de paysans dans le monde ont alors recours à la prière. Si cette invocation magique était systématiquement stérile, elle ne se perpétuerait pas à travers les siècles. Mais (Dieu soit loué !), il y a l'effet de régression vers la moyenne et une pluie tardive, qui devait de toute façon arriver, suivra souvent la prière.

– Vous avez mal au dos, douleur souvent intermittente. C'est généralement quand on est au pic de la souffrance que l'on se décide à utiliser un grigri. Peu de temps après, vous allez naturellement mieux. Effet placebo ? Peut-être, mais pas seulement ; effet statistique également : la douleur ne reste pas longtemps extrême, elle régresse et serait donc, dans bien des cas, spontanément passée.

• *Le biais de confirmation*

Ce biais a été très étudié, voir par exemple le livre de Bronner[11]. C'est le fait d'isoler dans des masses de données celles qui sont favorables à vos croyances. Il est très difficile d'en faire abstraction : les individus qui réfléchissent à un problème ne partent pas d'un terrain vierge de toute intuition ou de tout présupposé. Il est alors naturel de tenter de les fonder sur des données. Là encore il ne s'agit pas d'une nouveauté, mais il est clair que la masse de données des *Big Data* fournit une mine presque inépuisable de « démonstrations » de ce type. Les témoignages sur les bienfaits de l'auriculothérapie abondent, ainsi que ceux sur la Terre plate. Nous ne sommes pas loin d'affirmer que quelle que soit la proposition, on en trouvera « une preuve » sur les réseaux.

• *L'incompréhension du fonctionnement des nouvelles machines*

Jusqu'au début du XIXe siècle, la plupart des individus comprenaient *grosso modo* comment marchaient les outils qu'ils utilisaient, depuis les métiers à tisser jusqu'aux machines à vapeur. L'apparition de l'électricité, puis de la radio, puis d'Internet va changer la donne. Seule une minorité d'individus comprend – même *grosso modo* – comment fonctionne un poste de radio ou un ordinateur. L'électricité, comme les ondes électromagnétiques ou la radioactivité, sont impalpables. Et après tout, comment ne pas croire à la transmission de pensée alors qu'on est témoin de toute autre action à distance au moins aussi miraculeuse ? Paradoxalement, les outils de la modernité peuvent créer une forme nouvelle d'aliénation.

On voit bien ici le rôle double de l'IA dans la propagation des *fakes news* et des fausses croyances.

5 La prévision est un art difficile, surtout pour le futur

La paternité de ce titre de chapitre est très disputée : Pierre Dac, Groucho Marx, Benjamin Disraeli, Niels Bohr ?

À long terme, nous serons tous morts.

Keynes

L'IA peut effectuer, infiniment mieux que les humains, des tâches spécifiques. Elle permet aussi d'anticiper, quelquefois de comprendre, jamais d'expliquer. C'est sa limite intrinsèque.

Il faut d'abord préciser qu'il ne s'agit pas de discuter l'avenir de l'IA faible, c'est-à-dire de celle qui nous aide dès aujourd'hui à démêler, voire à résoudre un problème quand il est « simple ». Là, tout le monde s'accorde à en prévoir un développement presque illimité. Ce qui ne veut évidemment pas dire radieux à tout point de vue[61] (voir aussi l'article d'Alain Supiot[a]). Il y aura les pertes

a. Voir https://groupedhistoiresociale.com/.

d'emplois probablement mal compensées par les nouveaux, un certain appauvrissement des rapports humains[71], les diverses intrusions dans la vie privée[5].

Mais l'IA forte n'est pas l'agrégation de toutes les IA faibles. Ou si c'en est une, elle est d'une telle dimension qu'elle en change la nature : *More is Different*. Les IA faibles sont toutes dédiées. Or, ce qui fait la puissance de l'intelligence humaine, c'est qu'elle ne l'est pas. Même si la machine sait remplir mieux et plus vite bien des tâches que le cerveau humain, l'ouverture de celui-ci à leur multiplicité reste sa caractéristique.

L'esprit a-t-il des raisons que la raison ne connaît pas ?

Le développement de l'intelligence humaine est le produit permanent de l'interaction entre le cerveau et le corps. Mais il ne doit pas être vu comme l'histoire d'un perfectionnement individuel : il résulte d'une dialectique coopération-compétition avec le reste du monde vivant. L'empathie[20] – qui existe aussi chez les animaux – en est une condition nécessaire. Mais qui prétend que les machines, si elles savent simuler des sentiments, peuvent les éprouver ? Et que dire de la curiosité qui est, semble-t-il, ce qui nous pousse à penser ?

Notre connaissance du monde résulte de l'interaction de nos cinq sens avec notre cerveau. Tous ces organes sont évidemment le produit de l'évolution darwinienne ; mais si l'information obtenue par nos sens est évidemment individuelle, notre cerveau est un produit socialement et historiquement construit. Notre mémoire capte et retient (plus ou moins) nos expériences quotidiennes et les interprète *via* une mémoire collective, sociale véhiculée par la culture qui est d'une façon ou d'une autre contenue dans notre cerveau.

Vincent Béranger, dans un – par ailleurs – très intéressant travail[10], affirme que :

> *Le rôle majeur de l'intelligence est de prévoir, non de comprendre.*

Nous dirions plutôt que c'est la fonction du cerveau[a]. Une fonction qu'il a tirée d'une myriade d'essais-erreurs et qui lui permet d'anticiper, disons sans raisonnement[b]. La science, elle, veut comprendre. Ce qui permet aussi la prévision, mais, comme on l'a vu, qui va bien au-delà des sentiers battus de l'expérimentation.

Conclusion ?

On a vu les limites de l'induction pour la prévision, c'est-à-dire la généralisation non contrôlée d'une succession d'événements. C'est, nous semble-t-il, le défaut principal des thèses de Harari[37]. Pour l'avenir de l'IA, également, il faut, à notre tour se méfier de toute extrapolation. D'un côté, les capacités de calcul ont jusque-là très grossièrement satisfait à la loi de Moore[c], c'est-à-dire doublé tous les 18 mois. Mais cette loi devrait atteindre des limites physiques : le transistor ne pourra pas être plus petit qu'un atome. D'un autre côté, on nous fait miroiter les potentialités de calculateurs quantiques[36], mais les spécialistes n'y croient pas à moyen terme[25].

---

a. Au sens large : nous incluons les 500 millions de neurones de l'intestin.

b. Ce que nous avions appelé page 90 la « bio-logique ».

c. Physicien et informaticien nord-américain, né en 1929.

Peu d'activités humaines échappent aujourd'hui à l'hydre des applications de l'intelligence artificielle. Ses progrès spectaculaires semblent sans limite pour ses promoteurs les plus enthousiastes, qui ont tendance à rabattre le fonctionnement du cerveau sur celui des algorithmes. Le choix des mots est trompeur, l'IA est bien artificielle, mais ce n'est pas une intelligence : les neurones artificiels, même inspirés par les neurones biologiques, n'en sont que de très lointaines caricatures ; enfin, les mémoires d'ordinateurs ont un fonctionnement qui n'a pas grand-chose à voir avec la plasticité et la complexité de la mémoire vivante : où a-t-on vu la mémoire artificielle s'améliorer avec le sommeil[57] ? L'oubli – différencié – est nécessaire au bon fonctionnement de la mémoire. Dans une courte nouvelle *Funes el memorioso* [Funes ou la Mémoire], Borges raconte l'histoire de Funes, qui à la suite d'un accident de cheval, à rebours de ce qui se passe généralement, a perdu la faculté d'oublier.

> *Il était le spectateur solitaire et lucide d'un monde multiforme, instantané et presque intolérablement précis [...].Dans le monde surchargé de Funes il n'y avait que des détails, presque immédiats. Il avait appris sans effort l'anglais, le français, le portugais, le latin. Je soupçonne cependant qu'il n'était pas très capable de penser. Penser c'est oublier des différences, c'est généraliser, abstraire.*

La machine fonctionne « toutes choses égales par ailleurs », c'est-à-dire indépendamment de la totalité de l'environnement qui entoure son sujet d'étude et là, elle est imbattable. Mais dans la vraie vie, il en est rarement ainsi : le milieu et l'histoire jouent un rôle déterminant. Il est vrai que, dans certains cas, on peut, sans trop de perte de sens, isoler son sujet de l'influence du reste de l'univers. C'est typiquement le cas au jeu d'échec ou dans la reconnaissance d'images ; c'est souvent le cas dans les sciences dites

« dures ». En revanche, l'interaction avec l'environnement est essentielle en médecine, dans l'étude de l'histoire, de la sociologie, de la biologie, de l'économie. Elle est une porte ouverte à l'imprévu et à l'originalité que l'IA ne domine pas. Certes, on peut supposer que les mêmes causes produisent les mêmes effets ; mais tout événement est singulier. Où et quand y a-t-il strictement les mêmes causes (voir page 30) ? Il peut se faire que des variations indécelables de causes génèrent des variations colossales des effets.

L'IA moderne, quand elle est fondée sur l'apprentissage machine (*machine learning*), se nourrit de données massives (*Big Data*), c'est-à-dire qu'elle effectue un traitement statistique de millions (voire de milliards) de données brutes, étiquetées ou pas, permettant de révéler des corrélations insoupçonnées qui peuvent avoir des vertus prédictives en moyenne. Mais, comme en économie, l'homme « moyen » (caractérisé par son profil) n'existe pas, même s'il peut être utile aux statistiques ; les fluctuations, essentielles à l'évolution, sont les parents pauvres de l'IA. L'homme réel a toujours une distance avec l'homme moyen et cette distance est déterminée par son interaction avec l'environnement – interaction qui est toujours singulière. Cette fiction de l'homme moyen en permet une autre, celle de la gouvernementalité algorithmique déjà bien dénoncée dans la référence[64]. Citons :

> *Un profil, ce n'est personne. C'est un espace spéculatif qui désigne des opportunités et des risques dont les formes de vies impersonnelles sont porteuses.*

L'IA permet de prévoir, éventuellement de comprendre, pas d'expliquer : la corrélation peut signer une causalité, elle ne l'implique pas. Le passage de l'une à l'autre présuppose une grande prudence méthodologique. Et pour passer ensuite de la causalité à l'explication, la réflexion théorique est indispensable. Il y a plus : seule cette dernière peut permettre des prévisions inouïes, au sens étymologique. En effet, pour l'IA qui fonctionne par généralisation, tout ce qui se produira s'est soit déjà produit, soit proche de l'avoir été. Comment aurait-on pu, par exemple, anticiper l'existence des ondes radio ou des ondes gravitationnelles ? Gageons que, comme en 2008, les prévisions de l'IA pour la crise à venir dont les préconditions sont en grandes parties originales seront fausses.

L'IA n'est certes pas de l'intelligence, mais a le mérite de questionner en profondeur le fonctionnement de la nôtre. Alan Turing déclarait dans une conférence donnée à la BBC le 15 mai 1951 :

> *The whole thinking process is still rather mysterious to me, but I believe that the attempt to make a thinking machine will help us greatly in finding out how we think ourselves.* [L'ensemble du processus de réflexion est encore assez mystérieux pour moi, mais les tentatives de création de machines pensantes nous seront d'une grande aide pour découvrir comment nous pensons nous-même.]

Elle nous oblige également à considérer – peut-être avec des exigences nouvelles – de vieilles questions tournant autour de l'empathie ou des sentiments[71]. Feynman[a] a écrit en 1988 sur son tableau noir :

> *What I cannot create[b], I do not understand.* [Ce que je ne peux pas créer, je ne le comprends pas.]

Si donc l'IA pouvait créer de l'intelligence humaine, on comprendrait cette dernière. Mais on en est (infiniment ?) loin.

---

a. Physicien nord-américain, prix Nobel 1965.

b. Reste à savoir si Feynman se référait à une création matérielle ou intellectuelle.

Des mirages de l'IA forte

À la base de cette illusion, il y a l'identification du monde réel avec le contenu des *Big Data*. À chaque fois que, pour une tâche déterminée, on peut réduire les interactions avec l'environnement, c'est-à-dire ne considérer qu'une fraction dérisoire de ce monde réel, les réussites de l'IA, même si d'origine probabiliste, sont spectaculaires (jeu de go, reconnaissance des visages, identification de mélanomes, de cancers du sein, etc.). Mais le traitement des maladies chroniques et plus généralement la compréhension des problèmes sociaux interdisent cette réduction. Ne restent alors que des prévisions statistiques globales, avec leur force, leur biais, leurs faiblesses et surtout leurs myopies.

Si jamais L'IA forte peut un jour se concrétiser, ce sera loin, très loin, d'un horizon prévisible.

Partant du point de vue que, même si elle a obéi à des lois physico-chimiques, l'émergence de notre intelligence a été largement contingente, on peut alors se demander si une forme d'intelligence originale empruntant une nouvelle trajectoire ne pourrait pas naître un jour. On sait maintenant qu'il existe des milliards de milliards d'exoplanètes, et si même seulement une petite fraction était habitable, il serait bien probable qu'une forme de vie pourrait s'y être développée[a] ; et inversant le postulat de Descartes en : « je suis, donc je pense », pourquoi ne pas croire à une nouvelle forme d'intelligence ? Pour cela, les auteurs talentueux de science-fiction sont les mieux placés. On peut penser à *2001-l'Odyssée de l'espace* publié en 1968 par Arthur C. Clarke ou à l'actualité des trois lois

a. De même que se sont développées au voisinage des sources chaudes dans l'océan, des formes de vie très différentes de celles que nous connaissons.

de la robotique d'Asimov. Tout est alors possible : on sait ce qu'on ne sait pas[a], mais on ignore – évidemment – ce qu'on ignore…

À l'IA réellement existante

Mais revenons à ce qu'on peut analyser à terme envisageable. Nous adhérons pleinement à cet extrait de l'interview[b] d'Antoinette Rouvroy parue sous le titre : *Mais pourquoi faudrait-il s'en inquiéter si l'on gagne en efficacité ?* :

> *Nous allons vers un changement épistémologique majeur. S'en remettre à ce type de calcul traduit un renoncement aux ambitions de la raison moderne qui liait les phénomènes à leurs causes. Ces ambitions de la raison permettaient d'envisager la prévention, d'agir sur les causes pour changer les effets. Au lieu de cela, on se dirige vers un système de pures corrélations.*
>
> *On ne cherche plus à comprendre l'environnement, on cherche à le prédire. Notre rapport au savoir change, mais aussi notre rapport au monde : on se focalise davantage qu'auparavant sur les risques. Voir et comprendre sont supplantés par détecter et prévenir. On passe d'une civilisation du signe, qui était porteur de sens, à une civilisation du signal, qui est une donnée qui ne signifie rien en soi. C'est donc un changement de paradigme qui transforme la manière dont nous sommes gouvernés.*

---

a. On peut penser à la matière et à l'énergie noires ; on pouvait penser aussi jadis au plus de 80 % d'ADN non codant…

b. *Le Monde* du 30 décembre 2017.

L'IA cherche à prévoir, l'intelligence humaine cherche de plus à comprendre. Tout dépend donc de ce qu'on veut faire. Avec un horizon limité par la recherche de la meilleure clientèle, ou de la police d'assurance la plus rentable, l'IA représente le *nec plus ultra* et il est totalement inutile d'aller au-delà. Remarquons que l'immense majorité des applications de l'IA concerne les activités liées au commerce pour lequel cette limitation est naturelle. Il n'empêche que cette vision des choses (déjà citée page 87) doit faire peur :

> *La philosophie fondatrice de Google est que nous ne savons pas pourquoi cette page est meilleure qu'une autre : si la statistique des liens entrants le dit, c'est qu'elle est suffisamment bonne.*

Au mieux, elle reflète une mentalité de boutiquier pour qui « le client a toujours raison » ; au pire, une stérilisation de toute pensée novatrice. En tout cas, cette IA-là s'oppose à l'intelligence tout court.

Pour le chercheur dans un domaine où les théories sont embryonnaires (ce qui est et restera le cas très général), l'IA représente aujourd'hui un outil irremplaçable qui permet de s'orienter dans la jungle des données avec l'espoir d'y trouver un ordre. Avec le but de comprendre et donc éventuellement d'influer sur le cours des choses. À propos du travail des hommes et des machines, Supiot a écrit[69] :

> *À condition de les domestiquer, au lieu de nous y identifier, ces dernières pourraient permettre de concentrer le travail humain sur l'incalculable et l'improgram-*

mable, c'est-à-dire sur la part proprement poïétique[a] *du travail, celle qui suppose une liberté, une créativité ou une attention à autrui, dont aucune machine n'est capable.*

Diderot (voir page 31) n'avait pas réalisé que des modifications infinitésimales de l'environnement pouvaient avoir des conséquences gigantesques. Il ne faudrait pas commettre l'erreur inverse : il n'est pas établi que l'introduction de l'IA, qui est un bouleversement gigantesque de notre environnement – des milliards de fois plus de données et de puissance de calcul – implique des conséquences à la même échelle. Un exemple anecdotique qui n'épuise évidemment pas les limites de l'IA : les quelques deux tiers des voyageurs du métro compulsent leur smartphone, qui apparaît comme le prolongement du cerveau sur leur main. Et chose qui était inconcevable il y a vingt ans, des milliards de données sont ainsi virtuellement accessibles. Mais pour la vie quotidienne, le changement n'est pas à cette échelle.

Les quelques pages de calcul qui fondent la théorie de la relativité ou la théorie de la mécanique quantique (et qui ne doivent rien aux *Big Data*) ont eu – jusqu'à présent en tout cas – une importance bien supérieure, y compris pour nos modes de vie.

En bref, avec la science – et la conscience – on tente d'agir sur le monde et la société, avec l'IA fétichisée, c'est la société qui agit sur nous ; c'est toute la différence.

---

a. Il est peut-être prudent pour bien des lecteurs et certainement pour l'auteur, d'évoquer ici Wikipédia :

> « *La poïétique (du grec ancien poïēsis, œuvre, création, fabrication) a pour objet l'étude des potentialités inscrites dans une situation donnée qui débouche sur une création nouvelle.* »

6 Épilogue : L'IA, la COVID-19 et la crise

Nous terminions ce livre quand est arrivée la pandémie de coronavirus et la crise économique conséquente. Nous avions écrit (page 104) *Gageons que comme en 2008, les prévisions de l'IA pour la crise à venir dont les préconditions sont en grande partie originales seront fausses.* Cette « prévision » s'accomplira au-delà de toute espérance – si on ose dire !

L'apparition de la COVID-19 a été le « cygne noir[a]» du scénario de la crise économique. Il n'y a là rien d'étonnant pour nous : l'IA ne peut pas prévoir ce qui ne s'est jamais produit. Il s'agit typiquement d'un problème « complexe » (voir page 62), où l'interaction avec l'environnement – et nous voulons signifier par là, tout l'environnement ainsi que son historique – joue un rôle essentiel. Ce qui sera probablement la plus grande crise de ce siècle est donc naturellement passée sous son radar.

En revanche, et indépendamment de l'IA, il y a eu d'excellentes anticipations. Certains artistes, grâce à leur imagination, l'avaient étonnamment bien envisagée. Le film *Contagion* de Steven Soder-

---

a. Ils symbolisent, suivant N. N. Taleb[70], l'existence d'événements si rares qu'ils sont pratiquement imprévisibles, mais dont le déclenchement peut être catastrophique.

bergh, sorti en novembre 2011, est d'un réalisme stupéfiant. On croirait presque y voir un documentaire sur la crise actuelle. D'autre part et grâce au raisonnement, quelques – rares – épidémiologistes avaient prévu les conditions de son déclenchement. Citons par exemple un article prémonitoire[31] publié en 2007 :

> *The presence of a large reservoir of SARS-CoV-like viruses in horseshoe bats, together with the culture of eating exotic mammals in southern China, is a time bomb.*
>
> [La présence d'un grand réservoir de virus de type SARS-CoV dans les chauves-souris « en fer à cheval », ainsi que les traditions alimentaires des mammifères exotiques dans le sud de la Chine, est une bombe à retardement.]

Bien entendu, comme toujours après de grandes catastrophes, on peut toujours, par un examen rétrospectif de la masse des anticipations publiées, retrouver l'annonce de bonnes prémices. Mais ici on peut voir plus que des coïncidences aléatoires.

L'IA ne pouvait donc pas prévoir la pandémie comme elle peut le faire pour la consommation de margarine ou l'achat de voitures, mais le déclenchement ayant eu lieu, on pouvait s'attendre à une bonne prévision de son développement mondial. Or, les instituts utilisant l'IA l'avaient mal anticipée ; seules quelques – rares – entreprises[a] avaient, avant l'OMS, mis en garde sur l'extension possible d'une telle catastrophe.

Pourtant l'extension d'autres épidémies (dengue, chikungunya, choléra, paludisme) avait été souvent[b] mieux prévue par l'IA. Voilà

---

a. Par exemple Dataminr à New York ou Bluedot à Toronto.

b. À L'exception notable de Google flu censé prévoir l'épidémie de grippe et fermé en 2015.

qui souligne la forte dépendance des résultats à la qualité des *Big Data*. D'une part, il semble maintenant probable que le gouvernement chinois – même s'il avait remarquablement vite transmis le séquençage du virus –, aurait truqué les données épidémiologiques ; d'autre part, la connaissance des échanges internet chinois bridés par la censure est moins aisée donc moins riche et certainement biaisée. On le voit là encore, les données brutes sont un mythe ; elles doivent toujours être contextualisées.

Dans une maladie standard, on passe de la connaissance de la maladie à celle du malade. Ici, c'est plutôt le chemin inverse qu'on est obligé de suivre. Grâce à une collaboration internationale, on dispose maintenant d'une masse colossale de données sur les patients ; pour transformer ces données en information sur la maladie, l'IA sera un outil indispensable. Par exemple le rôle protecteur de la nicotine, s'il est confirmé, renseignerait sur la nature des récepteurs cellulaires du virus. Autre exemple : il est établi qu'aux États-Unis les minorités (latinos, noires) sont plus susceptibles d'être contaminées. Corrélation n'est pas causalité ; on pense tout de suite que leur état sanitaire moyen est plus détérioré que celui du reste de la population et qu'ils effectuent sans protection les tâches les plus risquées. Mais derrière cette évidence, ne pourrait-il pas se cacher un élément génétique d'influence plus marginale[a] ?

Une infinité d'autres questions restent ouvertes : rôle des comorbidités, de l'âge, du sexe, du groupe sanguin, des vaccinations antérieures, etc. Tout ceci nécessite une analyse très fine portant nécessairement sur des cohortes gigantesques de données. Là encore une réflexion humaine doit établir ce que peuvent être les très nombreux facteurs de confusion. Il en va de même pour l'éva-

a. Ce qui expliquerait pourquoi des individus de condition sanitaire identique peuvent réagir si différemment.

luation de l'efficacité des traitements, puisqu'il s'agit d'une maladie qui régresse spontanément dans l'immense majorité des cas. On est alors confronté à la difficile interprétation des événements rares. Il y a de ce point de vue une inversion étonnante dans le raisonnement du Pr Raoult pour justifier la pauvreté de ses tests. Voici ce qu'il a déclaré à son audition par l'Assemblée nationale le 24 juin 2020 :

> *Erreur radicale : moins il y a de gens quand c'est significatif et plus c'est significatif ; quand vous êtes obligé d'avoir 10 000 essais pour montrer que c'est significatif, c'est qu'il n'y a aucune différence[...]*

Effectivement, à chaque fois qu'un phénomène est manifeste, une statistique misérable suffit pour le mettre en évidence, mais la réciproque est évidemment grotesque. Si le remède du Pr Raoult diminuait la mortalité, il le ferait de façon marginale et donc seules des cohortes importantes pourraient l'établir. C'est là qu'une utilisation raisonnée des *Big Data* s'imposerait.

Reste enfin la durée et l'efficacité de l'immunité procurée par la maladie. Question importante pour la possibilité de futurs vaccins.

Pour découvrir un traitement[a], l'IA peut opérer de façon relativement empirique en se mettant en chasse de composés qui ont été employés avec succès sur des humains (ou des animaux) pour d'autres maladies infectieuses. Elle peut de façon plus théorique tenter d'identifier la structure des cibles de protéines virales et trouver des sites thérapeutiques potentiels. Enfin, on pourrait songer à des emplois plus classiques de l'IA pour le traçage des malades ou l'interprétation de l'imagerie médicale[29].

---

a. https://www.theguardian.com/business/2020/mar/31/oxford-firm-to-screen-15000-drugs-in-search-for-coronavirus-treatment.

Le traitement de la crise sanitaire a révélé les forces et les faiblesses de l'IA. Néanmoins, c'est certainement grâce à son exploitation intelligente qu'on pourra obtenir des temps de neutralisation (vaccination ou traitement) du virus bien plus courts que pour la variole, la fièvre jaune, la rougeole ou la poliomyélite.

Bibliographie

[1] *À la recherche de l'inconscient, les nouvelles théories des neurosciences*, volume 108, n° spécial de *Pour la science*, août 2020.

[2] Jean-Claude Ameisen. *Sur les épaules de Darwin : Je t'offrirai des spectacles admirables*. Les liens qui libèrent/France Inter, 2013. Rééd. Actes Sud, coll. Babel, 2015.

[3] Philip Waren Anderson. « More is Different ». *Science*, 177, 1972.

[4] Sean Bailly. « Jeu de go : l'intelligence artificielle bat pour la première fois un joueur professionnel ». *Pour la science*, 461, mars 2016.

[5] Boris Barraud. *L'Intelligence artificielle, dans toutes ses dimensions*. L'Harmattan, 2019. hal-02060055.

[6] Yoshua Bengio. « La révolution de l'apprentissage profond ». Hors-série, *Pour la science : Big Data, vers une révolution de l'intelligence*, 98, février-mars 2018.

[7] Jedan-Philippe Bourgoin. « Voyage au cœur du big data ». *Clefs CEA*, 64, juin 2017.

[8] Mokrane Bouzeghou et Remy Mosseri. *Les Big Data à découvert*. CNRS Éditions, 2017.

[9] Vincent Béranger. *Le Monde*, 24 décembre 2019.

[10] Vincent Béranger. *Intelligence naturelle, machines irationnelles : essai*. Kindle Book, 2019.

[11] Gérald Bronner. *La Démocratie des crédules*. PUF, 2013.

[12] Cristian S. Calude et Giuseppe Longo. « The Deluge of Spurious Correlations in Big Data ». *Foundations of Science*, 22, N° 3, p. 595–692, 2017.

[13] Antonio A. Casilli. *En attendant les robots. Enquête sur le travail du clic*. Le Seuil, 2019.

[14] Sergio Chibbaro et Angelo Vulpiani. « Compressibility, Laws of Nature, Initial Conditions and Complexity ». *Foundations of Physics*, 47(10), 2017.

[15] Marcel Cori. *Mon ordinateur comprend-il le français ? Questions sur le traitement automatique des langues*. Cassini, 2020.

[16] Baptiste Coulmot. *Sociologie des prénoms*. La Découverte, 2014.

[17] Antoine-Augustin Cournot. *Exposition de la théorie des chances et des probabilités*. Hachette, 1843.

[18] Didier Dacunhia-Castelle. *Les Mathématiques, le cerveau de l'âne et l'évolution*. Cassini, 2020.

[19] Claude Debru et Michel Le Moal. *La causalité dans les sciences biologiques et médicales : faut-il connaître les causes pour comprendre et intervenir ?* Académie des sciences & EDP sciences, 2017.

[20] Jean Decety. « L'acquisition de l'empathie ». Dossier *Pour la science*, (63), 1969.

[21] Gunnar Declerck et Jean Charlet. « Intelligence artificielle, ontologies et connaissances en médecine. Les limites de la mécanisation de la pensée ». *Revue d'intelligence artificielle*, 25(4) :445-472, 2011.

[22] Christoffe Denis et Franck Varenne. « Interprétabilité et explicabilité pour l'apprentissage machine : entre modèles descriptifs, modèles prédictifs et modèles causaux. une nécessaire clarification épistémologique ». *Actes de la Conférence Nationale en Intelligence Artificielle - CNIA PFIA*, 2019.

[23] Michel Desmurget. *La Fabrique du crétin digital*. Le Seuil, 2019.

[24] David Deutsch. *L'Étoffe de la réalité*. Cassini, 2003.

[25] Mikhail Dyakonov. « When Will We Have a Quantum Computer? » *To be published in Special issue of Solid State Electronics*, 2019. arXiv :1903.10760 [quant-ph].

[26] Ivar Ekland. *Le Chaos*. Le Pommier, 2006.

[27] Jordan Ellenberg. *How Not to Be Wrong : The Power of Mathematical Thinking*. Penguin, 2014. Trad. fr. Françoise Bouillot, *L'Art de ne pas dire n'importe quoi : ce que le bon sens doit aux mathématiques*, Cassini, 2017.

[28] André Grimaldi *et al. Les Maladies chroniques : vers la 3e médecine*. Odile Jacob, 2017.

[29] Dinggang Shen *et al.* Review of artificial intelligence techniques in imaging data acquisition, segmentation and diagnosis for covid-19. Avril 2020.

[30] Item Raban *et al.* Discovering Physical Concepts With Neural Networks. *Phys. Rev. Lett.*, 2019.

[31] Vincent Cheng *et al.* « Severe Acute Respiratory Syndrome Coronavirus as an Agent of Emerging and Reemerging Infection ». *Clin Microbiol Rev.*, 20(4), 2007.

[32] Lion Feuchtwanger. *Le Diable en France*. Belfond, 1996.

[33] Jean-Gabriel Ganascia. *Intelligence artificielle, vers une domination programmée*. Le Cavalier bleu, 2017.

[34] Jean-Gabriel Ganascia. *Le mythe de la singularité : faut-il avoir peur de l'intelligence artificielle ?* Le Seuil, 2017.

[35] Alison Gopnik. « Quand les machines apprendront à marcher comme les enfants ». *Pour la science*, 478, août 2017.

[36] Emily Grumbling et Mark Horowitz. « Quantum Computing : Progress and Prospects ». *The National Academies Press*, 2019.

[37] Yuval Noah Harari. *Homo Deus: A Brief History of Tomorrow*. Harvill Secker, Random House, 2016. Trad. fr. Pierre-Emmanuel Dauzat, *Homo Deus, une brève histoire du futur*, Albin Michel, 2017.

[38] Sylvestre Huet. « L'anarchie des gènes : la preuve par le poulet ». *Le Monde*, 23 janvier 2020.

[39] Luc Julia. *L'intelligence artificielle n'existe pas*. First Éditions, 2019.

[40] Vincent Julien. *Ce que peuvent les sciences*. Éditions matériologiques, 2020.

[41] Étienne Klein. « Einstein aurait-il pu trouver $e=mc^2$ grâce au big data ?» *Revue de l'ADN*, 11, juin 2017.

[42] Christof Koch. « Les machines peuvent-elles être conscientes ? » *Pour la science*, 508, février 2020.

[43] Hubert Krivine. *Petit traité de hasardologie*. Cassini, 2016, rééd. 2018.

[44] Hubert Krivine. *Prévoir sans comprendre, comprendre sans prévoir*. Cassini, 2018.

[45] Jean-Louis Krivine. « Wigner, Curry et Howard. La déraisonnable efficacité des mathématiques ». In *Exposé au colloque ARCo'04, Sciences cognitives*. Université de Compiègne, décembre 2004. http://www.pps.jussieu.fr/~krivine/articles/arco.pdf.

[46] Jean-Jacques Kupiec. « L'expression aléatoire des gènes ». *Pour la science*, 342, 2006.

[47] David Larousserie. « Les bugs de l'intelligence artificielle ». *Le Monde*, 25 février 2019.

[48] J. Laskar et Gastineau. « *Existence of Collisional Trajectories of Mercury, Mars and Venus with the Earth* ». *Nature*, 459, juin 2009.

[49] Bruno Latour. *La Science en action*. Gallimard, 1989.

[50] Yann Le Cun. « Le "Deep Learning", une révolution en intelligence artificielle ». Leçon inaugurale du 4 février au Collège de France, 2016.

[51] Yann Le Cun. *Quand la machine apprend, la révolution des neurones artificiels et de l'apprentissage profond.* Odile Jacob, 2019.

[52] Hervé Lehning. « Les preuves par ordinateur ». *Tangente*, (68), 2019.

[53] Sabina Leonelli. *La Recherche scientifique à l'ère des Big Data.* Mimesis, 2019.

[54] Giuseppe Longo. *Corrélations artificielles versus intelligence des causes.* Livre Blanc Tome 2 – "Contribution des outils numériques à la transformation des organisations de santé", pour la commission des Affaires Sociales, Assemblée nationale, 2019, 2020.

[55] Guiseppe Longo. « Laplace, Turing et la géométrie impossible du "jeu de l'imitation" : aléas, déterminisme et programmes dans le test de Turing ». *Intellectica*, 35, 2002.

[56] Guiseppe Longo. *Lois des dieux, des hommes et de la nature.* Spartacus-Idh, 2017.

[57] Maurice Mashaal. « Les neurones du souvenir ». Numéro spécial de *Pour la science*, 480, octobre 2017.

[58] Franz Messerli. « Chocolate Consumption, Cognitive Function, and Nobel Laureates ». *N Engl J Med ; 367 :1562-1564*, 2012.

[59] Philip Mirowsky. *More Heat than Light.* Cambridge University Press, 1992. Trad. fr. *Plus de chaleur que de lumière*, Pierre Barreau, Economica, 2002.

[60] Étienne Ollion. « L'abondance et ses revers. Big data, open data et recherches sur les questions sociales ». *Informations sociales*, 191, 2015.

[61] Judea Pearl et Dana Mackenzie. *The Book of Why : The New Science of Cause and Effect.* Basic Books ; Penguin, 2018.

[62] Henri Poincaré. *La Science et l'Hypothèse.* Flammarion, 1902.

[63] Raoul Robert. « L'effet papillon n'existe plus ! » *Pour la science*, 283, mai 2001.

[64] Antoinette Rouvroy et Thomas Berns. « Le nouveau pouvoir statistique, ou quand le contrôle s'exerce sur un réel normé, docile et sans événement car constitué de corps "numériques"... » *Multitudes*, 2010.

[65] Antoinette Rouvroy et Bernard Stiegler. « Le régime de vérité numérique : De la gouvernementalité algorithmique à un nouvel État de droit ». *Socio*, p. 105-132, 2015.

[66] David Ruelle. *Hasard et chaos*. Odile Jacob, 1991.

[67] Elena Sender. « Question de la semaine : comment mesure-t-on le QI et quelles sont ses limites ? » *Science et avenir*, 10 mai 2019.

[68] Simon Singh et Edzard Ernst. *Trick or Treatment? Alternative medicine on trial*. Bantam Press, 2008. Trad. fr. Marcel Blanc, *Médecines douces, info ou intox ?*, Cassini, 2019.

[69] Alain Supiot. *Le travail n'est pas une marchandise. Contenu et sens du travail au XXe siècle*, mai 2019. Leçon de clôture au Collège de France.

[70] Nassim Nicholas Taleb. *The Black Swan : The Impact of the Highly Improbable*. New York, Random House, 2007. Trad. fr. Christine Rimoldy, *Le Cygne Noir, La puissance de l'imprévisible*, Les Belles Lettres, 2012.

[71] Serge Tisseron. *L'Emprise insidieuse des machines parlantes : plus jamais seul*. Les liens qui libèrent, mars 2020.

[72] Jacques Treiner. *Un peu de science, ça ne peut pas faire de mal*. Cassini, 2017.

[73] Alan Turing. « Computing Machinery and Intelligence ». *Oxford University Press*, 59(236), october 1950.

[74] Leslie Valiant. *Probably Approximately Correct : Nature's Algorithms for Learning and Prospering in a Complex World*. Basic Books, 2013. Trad. fr. Ivan Lavallée, *Probablement approximativement correct*, Cassini, 1918.

Index

A

B

C

D

E

F

G

H

I

J

K

L

M

N

O

P

R

S